LA CONVERSION

MÊME LIBRAIRIE

CHRISTUS. Manuel d'Histoire des Religions.

Avec la collaboration de Mgr A. Le Roy et de
MM. L. de Grandmaison, C. Crivelli, L. Wieger,
J. Dahlmann, A. Carnoy, L. de la Vallée, Poussin, C. Martindale, J. Mac Neil, E. Boeminghaus,
A. Mallon, A. Condamin, E. Power, J. Nikel.
A. Brou et P. Rousselot. *Nouvelle édition 1916*
(*12e mille*), considérablement augmentée. Un vol.
in-8 couronne (xxi-400 pages), *franco*.   . **12** fr. »

CHRISTUS. La Religion chrétienne.

Avec la collaboration de MM. A. Brou, L. de Grandmaison et P. Rousselot. Un vol. in-8 couronne.
(Tiré de **Christus**. Manuel d'Histoire des Religions). *Sous Presse*.

JOSEPH HUBY

RÉDACTEUR AUX « ÉTUDES »

SECRÉTAIRE DES « RECHERCHES DE SCIENCE RELIGIEUSE »

La Conversion

PARIS

GABRIEL BEAUCHESNE

117, Rue de Rennes, 117

1919

AVANT-PROPOS

Ces pages sur la conversion ont précédemment paru sous forme d'articles dans les Études. A la demande de plusieurs lecteurs, nous les réunissons en volume, après les avoir étoffées de citations et faits nouveaux. Puissent-elles aider quelques âmes qui cherchent à trouver la cité de la lumière et de la paix !

J. H.

Paris, 15 octobre 1918,
en la fête de sainte Thérèse.

LA CONVERSION

Les récits de conversion
dans l'Église.

Le catholicisme contemporain a vu s'épanouir toute une littérature de récits de conversion. Au spectacle de leur succès croissant, on est porté à se demander si nous n'assistons pas à la floraison d'un genre tout nouveau. En fait, cette vigueur est celle d'un genre ancien, très ancien. Sans paradoxe, on pourrait le rattacher aux origines mêmes du christianisme. Saint Paul, le premier, ouvre la série dans les deux discours, rapportés au livre des Actes[1], où il raconte devant la foule ameutée de Jérusalem, puis en présence du roi Agrippa et du procurateur Festus, l'apparition de Jésus ressuscité, qui l'a terrassé et changé sur le

1. Actes, xxii, 3-21 ; xxvi, 9-20.

chemin de Damas : premier germe, minus-
cule comme un grain de sénevé, puisque le
récit de l'Apôtre tient en une page.

Pendant les quatre premiers siècles, saint
Paul n'a pas eu d'imitateurs qui aient
marqué. Des milliers et des milliers de
païens se sont convertis, sans qu'ils aient
songé à écrire l'histoire de leur rencontre
personnelle avec la vérité chrétienne. Nous
connaissons par les Pères les principaux
arguments qui déterminaient ces conversions : prophéties, miracles, délivrance des
possédés, spectacle des vertus chrétiennes,
témoignage des martyrs. Nous n'avons pas
de relations détaillées de cas individuels :
l'autobiographie sacrée ou profane n'était
pas dans les mœurs littéraires de l'époque.
Chez les plus grands des chrétiens, et dont
il nous reste une œuvre imposante, un Ter-
tullien, un Clément d'Alexandrie, un saint
Cyprien, ce n'est qu'en colligeant des indices
épars au cours de leurs ouvrages, qu'on
entrevoit leur âme, et quelques-unes des
raisons, sinon des étapes, qui les ont ache-
minés à la foi. Même le *Dialogue avec Tryphon*,
où la part du moi est plus considérable,
est loin de projeter sur la conversion de

saint Justin la lumière que répandront
plus tard sur l'âme de leurs auteurs les
Confessions de saint Augustin ou l'*Apologia*
de Newman.

C'est aux environs de l'an 400 que l'on
voit paraître le modèle à jamais inégalable,
les *Confessions* de saint Augustin. Il était
réservé à celui qu'on a appelé le premier
homme moderne, de nous donner le classique d'un genre, qui devait fleurir spécialement chez les modernes. Il faudra, en
effet, attendre plusieurs siècles pour que
se produisent beaucoup de ces histoires
d'âmes. Non que les conversions aient
manqué dans l'intervalle : ce sont tous les
peuples barbares qui sont entrés dans
l'Église ; mais on comprend assez qu'au
sortir des forêts profondes de la Germanie,
ils ne fussent pas mûrs pour l'introspection
du moi. Au moyen âge, chez les plus cul-
tivés, l'intelligence était assez affinée pour
une telle entreprise : les délicates analyses
d'un saint Bernard le montrent assez.
C'est plutôt la matière qui a manqué.
Simples et savants vivaient et mouraient
entre les bras de l'Église, sans passer par
ces crises de croyance que devaient con-

naître nos époques plus tourmentées. Des
Juifs, il est vrai, se convertissaient, dont
plusieurs étaient d'un savoir distingué :
Samuel du Maroc, au onzième siècle ; au
douzième, Pierre-Alphonse de Huesca,
médecin d'Alphonse Ier d'Aragon ; au qua-
torzième, le controversiste Jérôme de
Sainte-Foi, l'exégète et apologiste Paul de
Sainte-Marie, baptisé en 1390 avec ses trois
fils, et dans la suite évêque de Burgos et
chancelier de Castille ; autour de 1500, le
médecin Alphonse d'Alcala et le professeur
Alphonse de Zamora, tous deux collabora-
teurs à la Bible polyglotte du cardinal
Ximénès[1]. Ces savants nous ont laissé des
ouvrages d'apologétique ou de philologie
sacrée, aucun, son autobiographie. C'est à
un converti de culture plus modeste, le fils
d'un marchand juif de Cologne, Judas,
baptisé au douzième siècle sous le nom de
Hermann, que nous devons le plus inté-

1. On range quelquefois au nombre de ces convertis
du judaïsme le célèbre Dominicain Raymond Martini,
l'auteur du *Pugio fidei*. C'est là une erreur, comme on
peut le voir en consultant les historiens de l'Ordre de
saint Dominique : Quétif et Echard, *Scriptores Ordinis
Praedicatorum*, t. i, p. 396 sqq., Paris, 1719 ; Touron,
*Histoire des hommes illustres de l'Ordre de saint Domi-
nique*, t. i, p. 489 sqq., Paris, 1723.

ressant récit de conversion, transmis par
le moyen âge[1]. Aussi bien, ce serait se pri-
ver de renseignements précieux que de ne
pas étendre l'observation aux conversions
non plus seulement de l'incrédulité à la foi,
mais d'une vie coupable ou frivole à la piété.
On ne saurait passer indifférent devant des
figures comme celles de la bienheureuse
Angèle de Foligno ou de saint François
d'Assise.

Avec la Réforme protestante commen-
cent des temps plus agités. L'ère s'ouvre
des grandes crises religieuses nationales,
qui ont pour conséquence des crises individuelles, nombreuses et tragiques. Beaucoup d'enfants du Père céleste ne naissent
plus dans la maison de famille, et il leur
faut en retrouver le chemin, souvent à travers mille difficultés. Jusqu'à la grande
vague de l'incrédulité encyclopédiste, les
peuples européens restant encore chrétiens,
c'est du protestantisme au catholicisme
que se feront la plupart des conversions.
Et par ailleurs, le mouvement littéraire et

1. Dans Migne, *P. L.*, t. clxx, col. 803-836. — Traduction avec notes, par A. de Gourlet, collection *Science et
Religion*, n° 630, Paris, Bloud, 1912.

philosophique a ramené l'attention sur l'étude de l'âme. Une psychologie subtile et déliée s'ingénie à démêler les motifs les plus secrets des actions humaines. La théologie et la spiritualité intéressent les honnêtes gens qui sont légion. A supposer qu'il y ait mainte conversion notable, le terrain ne semble-t-il pas préparé pour la floraison d'une littérature de « Confessions »? — Il y eut de fait floraison, mais de fleurs plutôt modestes. Le dix-septième siècle, si remarquable par l'ensemble de sa littérature religieuse, ne saurait, sur ce terrain précis des récits autobiographiques, soutenir la comparaison avec notre époque. De ces relations que l'étude des sources révèle plus nombreuses qu'on ne le dit quelquefois, aucune qui se soit imposée, comme une œuvre classique, par le talent de son auteur[1], et plusieurs qui émanent de ministres protestants convertis, sont déparées par un souci trop accusé de polémique et de controverse[2].

1. On ne range pas dans cette catégorie le célèbre *Mémorial* de Pascal. Ce n'est pas, à proprement parler, le récit d'une conversion.

2. Un certain nombre de ces conversions, en France et à l'étranger, sont racontées avec plus ou moins de détails, dans le *Dictionnaire des conversions* de l'abbé

Le point de vue intellectualiste domine net·
tement. Les protestants convertis, surtout
les ex-prédicants calvinistes ou luthériens,
se plaisent à aligner en files, qui parfois dé-
passent la vingtaine et même la quaran-
taine[1], les motifs qui les « ont émus à se
ranger en l'Église catholique, apostolique
et romaine ». Certains de ces écrits sont de
petits traités de la véritable Église, avec
discussion de textes tirés de la sainte Écriture et des Pères, et réfutation en règle des
doctrines de Calvin ou de Luther[2]. Beau-

Migne (*Encyclopédie théologique*, 2ᵉ série, t. XXXIII, Paris, 1866) : plus complet est le recueil de Mᵍʳ Raess, évêque
de Strasbourg, *Die Convertiten seit der Reformation*,
11 vol. in-8. Fribourg-en-Brisgau, 1866-1880, mais il a
l'inconvénient de donner en traduction allemande les
textes français originaux. On trouvera aussi de nombreuses citations avec des indications précieuses de
sources, en partie manuscrites, dans les articles du
R. P. Joseph Dutilleul, *Convertis et Apostats* (1598-1660),
dans les *Études*, t. CXXIV (1910), p. 317-345, 507-530.

1. Ainsi dans la *Déclaration du sieur Bourguignon cy-
devant ministre de la religion prétendue réformée sur le
sujet de sa conversion à la Foi catholique, apostolique et
romaine. Et sa réception en la sainte Église, par Mᵍʳ le Ré-
vérendissime évêque de Paris, le jour et solennité de saint
Augustin. Avec quarante-cinq brièves propositions décou-
vrantes partie des abus, faussetés, contradictions de la doctrine huguenote par ses propres maximes.* Paris, MDCXVII.

2. Tel l'ouvrage de Jean Kircher, *Aetiologia, in qua mi-
grationis suae ex Lutherana Synagoga in Ecclesiam Catho-*

coup plus brève que de nos jours est la description du drame intérieur, des mouvements complexes, attraits et luttes, qui ont signalé, chez les convertis, le passage de l'erreur paisible, puis du doute, à la certitude de la foi. Ce qui prime dans le jugement des auteurs, — et nous pouvons penser qu'en cela ils étaient d'accord avec leurs lecteurs, — c'est l'exposé des raisons de croire.

Aux récits personnels, il faudrait ajouter ceux qui ont été écrits par des tiers. Outre ceux du genre solennel, comme les oraisons funèbres de la princesse Palatine par Bossuet, du maréchal de Turenne par Fléchier et Mascaron, on en recueillerait de très édifiants, en parcourant les vies de saints, les relations des monastères et les chroniques des différents ordres. Il est vrai que ces dernières abondent bien plus en histoires de vocations que de conversions proprement dites, si on entend ce mot strictement au sens d'accès à la vraie religion. Elles ne sont pas pour autant à mépriser,

<hr>

licam veras et solidas rationes succincte exponit et perspicue : doctisque omnibus et judicandi dexteritate pollentibus, pie, accurate et modeste considerandas proponit auter Viennae Austriae, anno MDCXL.

car l'appel à la vie religieuse, le passage
dans un croyant de l'état de péché à la ferveur, comme en Mlle de la Vallière, ou simplement le changement du bien au mieux,
comme en Jacqueline Fabre, peuvent servir à éclairer la psychologie de l'appel à la
foi chrétienne[1]. Où le dix-septième siècle
reprend tous ses avantages, c'est dans l'analyse des traits essentiels qui composent le
phénomène de la conversion. Pascal, dans
ses *Pensées*, Bossuet, dans l'oraison funèbre
de la princesse Palatine, et mieux encore
Fénelon, dans sa *Lettre* sixième sur la Religion, ont écrit sur la collaboration de la
nature et de la grâce des pages admirables,
qu'aucun psychologue ne saurait dédaigner.

Le dix-huitième siècle suit les errements
de l'âge précédent sans changements no-
tables. Les récits de conversion conti-
nuent à être des déclarations de motifs plus
que des descriptions de drames intimes[2].

---

1. On trouvera un très grand nombre de faits, souvent
empruntés à des sources inédites, rassemblés dans les
articles du R. P. Joseph Dutilleul, *Vocations religieuses
au dix-septième siècle*, dans les *Études*, t. cxxx (1912).
p. 190 *sqq.*, 373 *sqq.*

2. Une exception, qui se rapproche de la manière con-
temporaine, est le récit du ministre presbytérien con-

Avec le dix-neuvième siècle, le genre va prendre une nouvelle extension, mais en se modifiant d'une façon sensible. Sans que le côté intellectuel soit supprimé, une large place est accordée à l'analyse psychologique, à la peinture des états d'âme. Les convertis ne se contentent plus d'exposer leurs raisons de croire. Ils se plaisent à retracer, étape par étape, l'itinéraire qu'ils ont suivi jusqu'au seuil de l'Église catholique. Ce changement n'est qu'un aspect d'une transformation plus générale dans le monde des lettres. La littérature « égotiste » s'est conquis droit de cité avec des écrivains tels que Jean-Jacques Rousseau, Chateaubriand, Stendhal, que suivront les romantiques. Dans le domaine religieux, aussi bien que sur le terrain profane, les confidences personnelles, à moins d'être totalement insignifiantes, sont assurées de ne pas laisser le public indifférent. En particulier, les récits de conversion ne manqueront pas d'exciter un vif intérêt, si leurs héros s'imposent à l'attention par leur haute position sociale, leurs talents, le

verti Nathanaël Thayer, *Relations intéressantes*, Paris, 1796, ou dans Migne, *op. cit.*, col. 1275-1294.

rayonnement de leur influence ou les circonstances extraordinaires de leur vocation à la foi catholique.

Le dix-neuvième siècle, dans ses deux premiers tiers, a eu la bonne fortune de compter un grand nombre de ces convertis de marque : en Allemagne, le peintre Frédéric Overbeck, le critique et poète Frédéric Schlegel, le comte et la comtesse de Stolberg, Zacharias Werner, Clément Brentano, Goerres, l'historien Hurter ; en Russie, Mme Swetchine, le comte Schouvalof, la comtesse Rostopchin et ses sœurs les princesses Alexis Galitzin et Hilarion Wassiltchikof, les princes Jean Gagarin, Pierre, Michel et Théodore Galitzin, la comtesse Nicolas Tolstoï ; en Italie, l'auteur de *Mes Prisons*, Silvio Pellico ; en Espagne, Donoso Cortès ; en Suisse, Charles-Louis de Haller ; en France, Bautain, Lacordaire, Gratry, Théodore et Alphonse-Marie Ratisbonne, Libermann, Louis Veuillot, Pierre Olivaint, Charles Hernsheim, la comtesse de la Ferronays, le général de la Moricière, les maréchaux de Saint-Arnaud et Randon, Alexis de Tocqueville et Frédéric Le Play ; en Angleterre, le *leader* du mouvement

d'Oxford, John Henry Newman, et ses disciples ou amis, William Ward, Faber, Dal-
gairns, Hope Scott, Oakeley, Manning,
Henry et Robert Wilberforce. Galerie magnifique, dont la plupart des figurants ont
dessiné eux-mêmes leur portrait ou ont
trouvé des peintres dignes d'eux[1]. La litté-

1. Rappelons seulement pour mémoire les ouvrages de
Mgr Baunard, *la Foi et ses victoires dans le siècle présent :*
de Paul Thureau-Dangin, *la Renaissance catholique en
Angleterre ;* de Georges Goyau, *l'Allemagne religieuse, le
catholicisme : Rome et Lorette,* de Louis Veuillot ; *Souvenirs de ma jeunesse,* de Gratry ; et les touchants récits de
Mme Craven, *Lady Georgiana Fullerton : la Sœur Nathalie
Narischkin : Récit d'une sœur.* — Les tables et index du
livre du R. P. Mainage, *la Psychologie de la conversion,*
Paris, 1915, renferment une abondante bibliographie.
Des renseignements biographiques ont été copieuse-
ment réunis par le docteur David Rosenthal, *Converti-
tenbilder aus dem neunzehnsten Iahrhundert,* 3 vol., Schaf-
fouse, 1899-1902. La liste des principaux convertis anglais, au dix-neuvième siècle, a été dressée par W. Gor-
don Goreman, *Converts to Rome,* Londres, 1910. Un grand
nombre de récits personnels de conversion (exactement
65), la plupart très brefs, quelques-uns plus développés,
ont été recueillis dans l'ouvrage intitulé : *Roads to Rome,
being personal records of some of the more recent converts
to the Catholic Faith, with an introduction by His Emi-
nence Cardinal Vaughan, compiled and edited by the Author
of « Ten years in Anglican Orders »,* Londres, 1901. La
brochure du P. Gagarin, *Conversion d'une dame russe à
la foi catholique,* Paris, 1863, indique les conversions les
plus remarquables opérées en Russie, pendant la première moitié du dix-neuvième siècle. Plus près de nous

rature anglaise, — on pourrait dire, la littérature universelle, — s'est même enrichie d'un pur chef-d'œuvre, le plus admirable récit de conversion qui ait paru depuis saint Augustin, l'*Apologia* de Newman.

La fin du dix-neuvième siècle et le commencement du vingtième ont continué cette tradition. Les histoires de conversions ont joui d'une vogue qui est allée en s'amplifiant : leur nombre a cru, et aussi leur volume. On ne se contente plus d'une simple brochure, on a recours au livre. La littérature de fiction a même trouvé que le sujet ne manquait ni d'intérêt, ni d'agrément. La conversion est devenue thème de nouvelle, de roman, de pièce de théâtre. Pour ne parler que des récits authentiques ou des romans à larges tranches d'autobiographie, comme ceux de Huysmans, beaucoup d'œuvres ont paru qui ont eu plus qu'un succès éphémère : *De Genève à Rome* et *Vingt-cinq ans de vie catholique* par Théodore de la Rive, *Histoire d'une conversion* (correspondance de M. l'abbé Frémont avec une protestante), *les Étapes d'une conversion* par

biographie très attachante du théologien russe Vladimir Soloviev par le P. Michel d'Herbigny, Paris, 1911.

Paul Féval, *la Bonne Souffrance* de François Coppée, *Vers la maison de lumière* de Miss Anstice Baker, *l'âme Anglicane* de Horace Chapman, *Une Anglaise convertie* (Mme d'Arras) par le P. H. d'Arras, *Une conversion de protestants* par le P. Abt, *le Néant et la Vie* et *le Livre de la route* de Johannès Joergensen, *Du diable à Dieu* d'Adolphe Retté, *Retour à la sainte Église* d'Albert von Ruville, *Chrétienne* de Mme Juliette Adam, *les Confessions d'un converti* de Mgr Robert-Hugh Benson, *le Voyage du Centurion* d'Ernest Psichari[1]. Et voici que la fin de 1917 et l'année 1918 ont vu grossir cette liste de cinq nouveaux volumes.

Le premier s'intitule *Journal d'un converti*[2]. L'auteur, Pierre van der Meer de

---

1. A cette liste, qui n'a nullement la prétention d'être complète (pour de plus amples enseignements je renvoie à l'ouvrage du R. P. Mainage), on pourrait ajouter l'introduction mise au *Journal et pensées de chaque jour* d'Élisabeth Leseur, plusieurs biographies intéressantes parues pendant la guerre : *Ames nouvelles* et *De l'art à la foi : Jean Thorel*, par le P. Albert Bessières ; *le Sacrifice* de Henri Massis ; *Joseph Lotte* par Pierre Pacary ; et dans les *Impressions de guerre de prêtres-soldats*, recueillies par le R. P. Léonce de Grandmaison, t. II, les récits du P. Louis Lenoir, *Deux Marsouins de 1915* et *la Confession du Juif*.

2. Paris, Georges Crès, 1917.

Walcheren, est un Hollandais qui a vécu plusieurs années et peut-être vit encore en France et manie parfaitement notre langue. Évadé du calvinisme, puis de l'agnosticisme, il nous raconte les dernières étapes qui l'ont acheminé à la foi chrétienne. C'est, si l'on veut, une histoire de prodigue, mais dont on n'aurait gardé, pour les narrer avec détail, que les deux dernières phases, la misère au temps de la famine et le retour à la maison du Père. Comme toute histoire d'âme, celle-ci a son originalité, et dans le cas cette originalité est assez accentuée. Car l'auteur est une âme vibrante d'artiste et qui sait traduire ses vibrations en un langage sonore, éclatant, chargé de poésie, trop chargé même : il y a uniformément trop de sonorité, d'éclat, de ruissellement. Filleul de Léon Bloy, qui l'a préfacé, Pierre van der Meer de Walcheren n'est pas sans avoir avec son peu banal parrain quelques affinités artistiques et littéraires. La fréquence de l'épithète « énorme » suffirait à souligner cette recherche un peu exagérée du verbe impressionnant et parfois aussi du jugement paradoxal. Mais s'il y a quelque excès, cet éclat et cette poésie trouvent souvent un heureux emploi dans des descriptions d'âme, de paysages, ou de fêtes religieuses. La liturgie a joué un grand rôle dans la conversion de Pierre van der Meer de Walcheren, et il en exprime magnifiquement le sens et la beauté.

Le second ouvrage récemment paru[1] est un témoignage collectif. Après une préface du R. P. Sertillanges et une introduction du R. P. Mainage, il contient une série de récits faits par des convertis récents. On y retrouve des noms connus de tous ceux qui ont suivi avec intérêt le mouvement de renouveau catholique dans une partie de l'élite française : Georges Dumesnil, Paul Claudel, Francis Jammes, Louis Bertrand, René Salomé, Léontine Zanta, André de Bavier, Charles de Bordeu, Pierre de Lescure, Lucien Puel de Lobel.

De 1917 date encore le récit de Mme H. Mink-Jullien, *les Voies de Dieu*[2] : histoire très émouvante et très étrange d'une jeune femme, qui née et grandie en plein athéisme,

1. *Les Témoins du renouveau catholique*, Paris, Beauchesne, 1917.

2. Avec une préface du R. P. Mainage, Paris, Téqui, 1917.

dans la haine féroce de la religion catholique, trouve la foi en se livrant au jeu des tables tournantes et aux pratiques de l'occultisme.

Le quatrième récit nous vient d'Italie et il n'est pas le moins curieux[1]. Ce sont les mémoires d'un homme qui, après avoir été un ces membres actifs du parti socialiste italien et compagnon de luttes de Bissolati, est devenu l'abbé Illemo Camelli, professeur au grand séminaire de Crémone. Rares, hélas ! sont les convertis, évadés de ces groupements de militants. Aussi est-il instructif et plein d'intérêt de voir, dans une vie dont les péripéties tiennent du romanesque, la substitution progressive de l'idéal chrétien à l'idéal humanitaire, d'autant que le récit garde, dans son exubérance italienne, un grand charme de spontanéité et de sincérité. L'auteur s'est plu à raconter les faits, avec les réactions d'idées et de sentiments qu'ils provoquent, plutôt qu'à discuter des thèses et à aligner des raisonnements. Mais cette méthode de la

1. Illemo Camelli, *Du socialisme au sacerdoce*, traduit de l'italien et précédé d'une préface par Maurice Vaussard, Paris, Perrin, 1918.

simple histoire n'exclut pas les aperçus judicieux sur les enthousiasmes, les déviations et les tares du socialisme, comme sur le rôle bienfaisant de l'Église dans la civilisation.

L'Angleterre n'est pas restée en arrière. Non seulement en 1918 elle a compté de nombreuses conversions dans l'élite intellectuelle et religieuse, mais elle a vu paraître une autobiographie[1] qui par ses qualités de style et d'analyse psychologique peut soutenir la comparaison avec les *Confessions d'un converti* de Mgr Benson. L'auteur, Ronald A. Knox, fils de l'évêque anglican de Manchester, est un ancien *fellow* de Trinity College à Oxford, écrivain et prédicateur des plus en vue dans le jeune clergé anglican, logicien serré, controversiste plein d'humour, avec ces dons de finesse, d'intelligence des beautés spirituelles, de large sympathie pour les âmes humaines qu'entretient le contact assidu avec les classiques. Entre les anciens, Ronald Knox a chéri Virgile ; il l'a relu pendant les deux mois qui ont précédé sa conversion, et il a

1. Ronald A. Knox, *A Spiritual Aeneid*, Londres (Longmans), 1918. Voir les *Études* du 20 février 1919.

achevé la lecture de l'*Énéide* la veille même de sa réception dans l'Église catholique à l'abbaye bénédictine française de Farnborough. Le poète latin lui a suggéré et le titre de son livre et le symbolisme qui en oriente discrètement la composition : *une Énéide Spirituelle*, histoire d'une âme qui abandonne Troie, la religion paisible, ignorante de ses fondements comme de ses difficultés, jusqu'au jour où les Grecs, les doutes subtils, lui donnent l'assaut, la renversent et forcent l'habitant à chercher autre chose. Carthage, l'abri précaire du ritualisme, puis Rome, la cité définitive.

Jam tandem Italiae fugientis prendimus oras.

CHAPITRE II

Les raisons de raconter
sa conversion.

A voir se multiplier ces confessions, on
peut se demander d'où vient cette tendance
accrue à prendre le public pour confident
de ses drames les plus intimes. Les raisons
sont de plus d'une sorte, et le même auteur
peut en avoir plusieurs à son arc. Saint Augustin a fait connaître les principaux motifs
qui, après l'avoir inspiré personnellement,
ont gardé leur efficacité: accéder à la demande d'amis très chers, afin que tous
ensemble pleurent les erreurs passées et
louent Dieu du changement survenu. Désir
aussi de secourir d'autres âmes, car ces
confessions des fautes anciennes « excitent
le cœur pour qu'il ne s'endorme pas dans
le désespoir et ne dise pas: Je ne puis pas,
mais qu'il se tienne éveillé dans la confiance en la miséricorde divine et la dou-

ceur de la grâce[1]. » Avec des nuances, ces motifs de la louange divine et de l'apostolat se retrouvent dans nos contemporains. « Lorsque tout émerveillée des innombrables bontés de Dieu à mon égard, écrit Mme Mink-Jullien, je les révélai à quelques-uns des plus intimes parmi mes proches, ces derniers me conseillèrent vivement d'en faire part au public. Ils pensaient, avec beaucoup de vérité, qu'on n'est jamais ni trop actif ni trop ardent à célébrer les louanges du Maître et à faire connaître sa miséricorde[2]. » « En éditant ce journal, dit à son tour Pierre van der Meer de Walcheren, je ne veux autre chose que rendre témoignage et crier sur les toits que tout est vide et vain auprès de la Gloire de Dieu et en dehors de la Croix de Notre-Seigneur Jésus-Christ. Et peut-être pourrai-je indiquer à quelques hommes qui errent et cherchent et meurent de soif, la source d'eau vive qui jaillit là, devant leurs pieds meurtris et las de cheminer[3]. »

1. *Confessions*, liv. **X**, chap. III. — Comparer liv. **X**, chap. IV, et liv. IX, chap. I.

2. *Les Voies de Dieu*, p. V.

3. *Journal d'un converti*, p. 5.

D'ordinaire le second motif est plus accusé que le premier. Les convertis de nos jours songent moins, semble-t-il, à leurs amis catholiques pour chanter avec eux les laudes de la miséricorde divine qu'à leurs compagnons d'hier pour essayer d'éveiller en eux quelque désir de la table du père de famille, de tourner leurs regards vers la lumière qui brille là-bas dans la maison. « La conversion de quelqu'un qu'on aime, dit Charles de Bordeu, est un appel. C'est le trouble porté dans la quiétude, un doute impérieux jeté de haut sur nos doutes et une sommation d'avoir à regarder en soi, sans complaisance et à fond Pour tant qu'on s'en défende, il faut céder. Et lorsqu'on y va de bonne foi, cela vous mène loin[1]. » Sous des formes variées, on retrouverait dans la plupart des récits de convertis contemporains ce raisonnement fondamental : « Ce qui m'a réussi peut réussir à d'autres, encore engagés dans ces difficultés dont je suis sorti triomphant. Pourquoi ne pas leur faire part de mes heureuses expériences, ne pas leur faire

---

1. *Les Témoins du renouveau catholique*, p. 85.

connaître les sources de ma conviction,
les foyers lumineux qui avec la grâce
de Dieu pourraient éclairer des âmes
sœurs ? »

Présomption très légitime, car elle s'appuie sur deux des forces les plus profondes qui entraînent les hommes : la puissance de la vérité et la puissance de l'exemple. Comme le fait très bien valoir le R. P. Sertillanges, « les dispositions intérieures, humaines et divines — je veux dire le bon vouloir et la grâce, et aussi l'occurrence heureuse, qui est pour nous l'heure de Dieu, — sont essentielles plus qu'on ne peut dire à la conversion ; mais si les *motifs* concourent — et qui oserait le contester ? — ils peuvent servir deux fois ; ils peuvent servir autant de fois que les circonstances précitées leur donneront de la prise. Pourquoi dès lors négliger de les ébruiter, notamment à l'usage de milieux où les dispositions du même genre sont fréquentes ? *Quod isti et istae, cur non ego ?* prononcera vaguement l'esprit d'imitation qui en nous tous sommeille. Pourquoi pas moi, en effet, dira l'hésitant d'aujourd'hui, dira l'oublieux de demain, en écoutant le converti d'hier[1]. »

Les convertis connaissent aussi l'emprise du respect humain, surtout sur nos Français contemporains. Eux-mêmes l'ont plus d'une fois subie, en ont pâti. Déjà chrétien au fond de l'âme, Paul Claudel hésite à passer à la pratique. « L'avouerai-je? Au fond le sentiment le plus fort qui m'empêchait de déclarer mes convictions était le respect humain. La pensée d'annoncer à tous ma conversion, de dire à mes parents que je voulais faire maigre le vendredi, de me proclamer moi-même un de ces catholiques tant raillés, me donnait des sueurs froides[2]. » Plus d'un nouveau chrétien aura à cœur de réparer ouvertement ces faiblesses passées et par la profession retentissante de son catholicisme de rendre courage à ceux qu'arrêtent d'enfantines terreurs.

Dans le passé, ces mêmes réflexions ont dû se présenter à l'esprit de bien des convertis, et cependant ils écrivaient moins que de nos jours. Plusieurs n'ont pris la plume que poussés par la nécessité de ré-

1. *Les Témoins du renouveau catholique.* Introduction, p. 11.

2. *Ibid.,* p. 68.

pondre à des attaques directes qui calomniaient leur sincérité : ainsi Newman composant son *Apologia*. C'est que les mœurs littéraires d'une génération peuvent exercer leur influence, même dans le champ de la religion, pour restreindre ou favoriser la germination des autobiographies. Nous vivons à une époque où cette ambiance est propice. Le mot de Pascal : « Le moi est haïssable », a perdu depuis le dix-septième siècle beaucoup de sa rigidité. Sans parler des professionnels de l'interview et de la réclame, il y a chez la moyenne de nos contemporains moins de répugnance à se mettre en scène et à parler de soi. Ajoutez à cela l'attraction de la psychologie, le goût des analyses qui touchent aux réalités profondes de l'âme. Autant de conditions qui peuvent rassurer les auteurs de Confessions en leur laissant entrevoir un accueil sympathique et diminuer la répugnance de plusieurs à livrer les secrets de leur âme.

Malgré ces circonstances favorables, on ne saurait méconnaître que même de nos jours ces récits personnels de conversion ne trouvent de bons catholiques dans une attitude, sinon de méfiance, au moins de prudente réserve. Beaucoup, et des meilleurs, gardent jalousement pour eux et pour Dieu leur vie intérieure la plus profonde, *secretum meum mihi;* ou si quelques écrits permettent un jour de pénétrer au cœur du sanctuaire, ce n'est qu'après leur mort, lorsque toute la gloire en reviendra à Celui qui est admirable dans ses Saints. Trop humbles et d'esprit trop accueillant pour imposer à leurs frères le même silence, ils demandent au moins à ceux qui, comme saint Augustin, croient devoir entr'ouvrir « la chambre nuptiale » de leur âme, de ne le faire qu'avec tact, humilité, simplicité. Et pourquoi ne pas dire loyalement que certains convertis ne leur ont pas donné sur ce point toute satisfaction ? Je ne parle pas simplement de quelques naïvetés de nouveau-nés dans le Christ, qui, parce qu'ils ont découvert pour leur propre compte le catholicisme, se donnent des airs de Christophe Colomb et se figurent révéler à des chrétiens de vieille roche des perspectives totalement insoupçonnées. On peut sourire de ces inexpériences ou admirer cette fraîcheur d'âme. D'autres procédés sont moins plaisants. Préoccupés d'atteindre ceux du dehors, plusieurs n'ont pas assez songé à ceux du dedans et se sont installés dans la maison du Père de famille un peu trop comme en pays conquis. Comment par exemple s'étonner que d'excellents catholiques puissent être blessés d'entendre un converti d'hier ou d'avant-hier clamer qu'un officier, un prêtre peuvent être des épiciers selon l'esprit et le sont malheureusement presque tous, comme si l'esprit chrétien ou même l'esprit tout court se mesurait nécessairement au mépris pour l'Académie française et à l'admiration pour tel ou tel littérateur qui n'en fit pas partie? Il n'est pas, je crois, de liberté, si franciscaine qu'on la suppose, qui permette à un nouveau venu de porter de tels jugements. Pour rappeler une piquante observation du R. P. de la Broise [1], à propos de certaines conversions un peu tapageuses, la joie de la brebis retrouvée n'est pas une raison, pour elle ou pour ses amis, de « bousculer, à cette occasion, les quatre-vingt-dix-neuf autres » ; cela,

1. Dans les *Études*, t. LXXIV (1898), p. 283.

« c'est ajouter au texte » de l'Évangile.

Cette attitude réservée qu'expliquent l'habitude du repliement intérieur et aussi le souvenir de défaillances récentes, après de beaux et peut-être trop bruyants débuts. n'est nullement irréductible. Une âme chrétienne ne peut que se plaire à des récits, où l'œuvre de la grâce est décrite en toute simplicité, discrétion, humilité. Loin de se montrer chagrine, elle remerciera Dieu et ceux qui lui procurent la joie très pure d'admirer le travail divin dans la trame d'une vie humaine.

Ces confessions de convertis ont d'autres avantages que de faire monter vers Dieu un hymne de reconnaissance. Elles offrent aux théologiens et aux apologistes matière à méditations fécondes. Il est vrai que l'utilisation en est assez délicate. Nous n'atteignons directement ni la substance de notre âme ni la présence de ce Dieu qui, suivant le mot de saint Augustin, nous est plus intérieur que nous-même. Il faut juger des moteurs invisibles, âme et Dieu, par les effets, et les effets sont complexes, fluents, subtils. L'homme qui vit, emporté par le courant de l'action directe, n'est pas toujours doublé d'un observateur qui note chaque péripétie de sa vie spirituelle. Suivant les justes remarques du Cardinal Vaughan dans son Introduction à *Roads to Rome*, « prendre la résolution de se faire catholique peut sembler une démarche très simple ; elle l'est de fait, si par là on entend simplement le dernier pas, le dernier acte de réception dans l'Église. Mais avant qu'un converti en arrive à ce dernier pas, peut-être aura-t-il passé une vie entière à chercher, consciemment ou inconsciemment, avec des alternatives d'avance et de fixité, pesant les motifs, doutant, enquêtant. Sa nature morale et intellectuelle, ses préjugés et ses instincts, toute sa vie et son caractère ont été soumis, peut-être d'une façon imperceptible, à l'action souple d'une longue période de croissance. » Beaucoup sont incapables de retracer pleinement cette longue élaboration de la foi. « L'espace, le temps ou l'habileté leur manquent pour reproduire cette vie intérieure, qui a été le champ d'action où la grâce de Dieu a travaillé secrètement pendant des années . »

---

1. *Roads to Rome*, Introduction, p. VI et VII.

Avec la meilleure sincérité du monde, un converti pourra ne fixer qu'un côté du réel et laisser dans l'ombre des aspects non moins importants. Ici, surtout dans les conversions subites, la grâce a des allures si triomphantes qu'on oublie de signaler, à plus forte raison de souligner la part de la liberté. Ailleurs, les éléments affectifs sont si fortement marqués qu'on ne voit plus jouer l'autre pièce, l'intelligence. Une assertion trop absolue devra être corrigée par la comparaison d'un auteur avec lui-même ou avec d'autres.

« Comme vous le voyez, mon ami, écrivait Donoso Cortès, ni le talent ni le raisonnement n'ont eu aucune part à ma conversion. Avec mon faible talent et ma misérable raison, je serais arrivé à la tombe avant d'arriver à la vraie foi. Le mystère de ma conversion est un mystère d'amour. Je n'aimais pas Dieu et il a voulu être aimé de moi, et je l'aime ; et je suis converti parce je l'aime[1]. »

Faudra-t-il en conclure que cette conversion est d'ordre tout affectif, qu'elle s'est

—————

1. Cité par Mgr Baunard, *la Foi et ses victoires*, t. I. p. 208 (6ᵉ édition, Paris, 1893).

opérée sans le concours d'aucun argument
qui éclairât l'intelligence ? Non, puisque le
même écrivait dans une autre lettre :

« Pendant mon séjour à Paris, j'ai vécu
intimement avec M..., et cet homme m'a
subjugué par le seul spectacle de sa vie,
que j'avais à toute heure sous les yeux.
J'avais connu des hommes droits et bons,
ou pour mieux dire, je n'avais connu que
des hommes droits et bons ; cependant entre
la droiture et la bonté de ces hommes et
la droiture et la bonté de celui-ci, je trouvais une distance incommensurable. Ce
n'étaient pas seulement deux degrés de
vertu, c'étaient deux sortes de vertus de
tout point différentes. En y réfléchissant, je
vis clairement que cette différence venait
de ce que la vertu des premiers était simplement *naturelle* et celle du second *surnaturelle* ou chrétienne. M... me fit faire connaissance avec vous et avec plusieurs autres
personnes unies par les liens des mêmes
croyances : ma conviction s'enracina alors
plus profondément dans mon âme et si profondément qu'elle devint invincible[1]. »

---

1. *La Foi et ses victoires*, t. I, p. 235.

Ici, la comparaison des textes permet de les équilibrer les uns par les autres. Mais il n'en est pas toujours ainsi et l'on comprend combien certaines relations peuvent être délicates à interpréter. Aussi le théologien ne saurait-il demander aux récits de conversion ce qu'il demande à la sainte Écriture et aux documents du magistère ecclésiastique : qu'ils le renseignent authentiquement sur les caractères essentiels de l'acte de foi. Mais il s'en servira très utilement comme de contre-épreuve à ses théories scolastiques. Avec des caractères fondamentaux communs, dont nous assure la théologie, les conversions se présentent sous des modalités fort différentes, et par conséquent une explication de la foi doit être tout ensemble et assez ferme pour conserver les traits essentiels et assez souple pour s'appliquer à tous les cas vérifiés.

CHAPITRE III

Les conversions foudroyantes.

Le type de conversion le plus fréquent est la conversion progressive, par étapes, avec recherche et considération des motifs, au terme l'acte de foi. Mais il y a aussi les conversions absolument subites, foudroyantes, instantanées. Ce fut le cas de saint Paul, soudain transformé par la vision de Jésus ressuscité. Mais saint Paul n'est pas le seul à avoir eu son chemin de Damas. Qui n'a entendu parler de la conversion du jeune israélite, devenu plus tard le Père Alphonse-Marie Ratisbonne? Au cours d'un voyage en Italie, il s'arrête quelques jours à Rome. Sur le point de partir, il rend visite à un catholique, M. Théodore de Bussières, frère d'un protestant de ses amis : c'était le 15 janvier 1842. On en vient à parler religion, et M. de Bussières demande au visiteur d'accepter une médaille de la Sainte Vierge ; après un premier mouvement de surprise, Ratisbonne accepte, pour la singularité du fait, pensant que « cette scène fournirait un délicieux chapitre » à ses impressions de voyage. A la médaille M. de Bussières joint une copie du *Memorare*, insistant pour que le jeune homme récite cette prière matin et soir. Ratisbonne emporte le tout, et le soir, avant de se coucher, il copie la prière « machinalement, sans presque aucune attention ».

« Le lendemain 16 janvier, a-t-il écrit dans la relation de sa conversion[1], je fis signer mon passeport et achevai les dispositions du départ ; mais, chemin faisant, je redisais sans cesse les paroles du *Memorare*. Comment donc, ô mon Dieu, ces paroles s'étaient-elles si vivement, si intimement emparées de mon esprit ? Je ne pouvais m'en défendre ; elles me revenaient sans cesse : je les répétais continuellement,

1. *Lettre de M. Alphonse-Marie Ratisbonne à M. Desgenettes, fondateur de l'archiconfrérie du Saint-Cœur de Marie, en réponse aux questions qui lui avaient été adressées concernant sa conversion (12 avril 1842).* Citée intégralement dans Huguet, *Célèbres conversions contemporaines,* 2ᵉ édition, Paris, 1889, p. 336 et sqq.

comme ces airs de musique qui vous poursuivent, qui vous impatientent, et qu'on fredonne malgré soi et quelque effort qu'on fasse ».

M. de Bussières persuade à Ratisbonne de retarder son départ et dînant ce jour-là, 16 janvier, chez le comte de la Ferronnays, il recommande aux prières de son hôte le jeune israélite. M. de la Ferronnays mourut presque subitement le lendemain soir. Le 20 janvier, à midi, Ratisbonne est au café, place d'Espagne, et s'entretient joyeusement, avec un ami protestant, de chasse, plaisir, réjouissances du carnaval, soirée mondaine.

« Si en ce moment... un troisième interlocuteur s'était approché de moi et m'avait dit : « Alphonse, dans un quart d'heure, tu adoreras Jésus-Christ, ton Dieu et ton Sauveur, tu seras prosterné dans une pauvre église, et tu te frapperas la poitrine aux pieds d'un prêtre, dans un couvent de Jésuites où tu passeras le carnaval pour te préparer au baptême, prêt à t'immoler pour la foi catholique ; et tu renonceras au monde, à ses pompes, à ses plaisirs, à la fortune, à tes espérances, à ton avenir ; et,

s'il le faut, tu renonceras encore à ta fian-
cée, à l'affection de ta famille, à l'estime
de tes amis, à l'attachement des juifs... et
tu n'aspireras plus qu'à suivre Jésus-Christ
et à porter sa croix jusqu'à la mort... ; » je
dis que, si quelque prophète m'avait fait
une semblable prédiction, je n'aurais jugé
qu'un seul homme plus insensé que lui,
c'eût été l'homme qui aurait cru à la possibilité d'une telle folie ! »

En sortant du café, Ratisbonne rencontre
M. de Bussières qui l'invite à monter dans
sa voiture. En route, on fait halte à l'église
Saint-André-des-Frères. Les deux amis y
entrent, puis M. de Bussières s'éloigne
pour régler un détail des funérailles de
M. de la Ferronnays : l'absence dure à
peine dix à douze minutes. C'était plus qu'il
n'en fallait pour l'événement extraordinaire qui suivit, et que Ratisbonne racontait ainsi :

« L'église Saint-André est petite, pauvre
et déserte ; je crois y avoir été à peu près
seul, aucun objet d'art n'y attirait mon
attention ; je promenai machinalement
mes regards autour de moi, sans m'arrêter
à aucune pensée ; je me souviens seulement

d'un chien noir qui sautait et bondissait
devant mes pas. Bientôt ce chien disparut,
l'église tout entière disparut, je ne vis plus
rien, ou plutôt, ô mon Dieu, je vis une
seule chose !!

Comment serait-il possible d'en parler?

Oh ! non, la parole humaine ne doit
point essayer d'exprimer ce qui est inex-
primable; toute description, quelque su-
blime qu'elle puisse être, ne serait qu'une
profanation de l'ineffable vérité.

J'étais là prosterné, baigné dans mes
larmes, le cœur hors de moi-même, quand
M. de Bussières me rappela à la vie.

Je ne pouvais répondre à ses questions
précipitées ; mais enfin je saisis la médaille
que j'avais laissée sur ma poitrine ; je bai-
sai avec effusion l'image de la Vierge
rayonnante de grâce... Oh ! c'était bien elle !

Je ne pouvais répondre. Je ne savais où
j'étais, je ne savais si j'étais Alphonse ou
un autre ; j'éprouvais un si total changement que je me croyais un autre moi-
même...

Mes premiers mots furent des paroles
de reconnaissance pour M. de la Ferronnays
et pour l'archiconfrérie de Notre-Dame

des Victoires. Je savais d'une manière certaine que M. de la Ferronnays avait prié
pour moi ; mais je ne saurais dire comment
je l'ai su, pas plus que je ne pourrais rendre
compte des vérités dont j'avais acquis la
foi et la connaissance. Tout ce que je puis
dire, c'est qu'au moment du geste le bandeau tomba de mes yeux ; non pas un
seul bandeau, mais toute la multitude de
bandeaux qui m'avaient enveloppé dispa-
rurent successivement et rapidement,
comme la boue et la glace sous l'action
d'un brûlant soleil..... Tout ce que je sais,
c'est qu'en entrant à l'église j'ignorais tout,
et qu'en sortant je voyais clair ; je ne puis
expliquer ce changement que par la comparaison d'un profond sommeil, ou bien
par l'analogie d'un aveugle-né qui tout à
coup verrait le jour. »

Comme saint Paul sur la route de Damas
avait eu la vision de Jésus ressuscité,
Alphonse Ratisbonne, dans l'église Saint-
André, fut favorisé d'une apparition de la
Sainte Vierge. « Je l'ai vue ! je l'ai vue !
s'écriait-il en montrant la médaille mira-
culeuse... La Vierge m'a fait signe de la
main de m'agenouiller, elle a semblé me

dire : C'est bien ! Elle ne m'a point parlé ; mais j'ai tout compris[1]. »

La conversion peut être instantanée, sans qu'elle soit accompagnée de ces phénomènes extraordinaires. Nous en avons un exemple dans un contemporain de Ratisbonne, lui aussi d'origine israélite, Hermann Cohen, devenu en religion le P. Augustin-Marie du Très Saint-Sacrement, Carme déchaussé. Pianiste célèbre, il est appelé en mai 1847 à suppléer le directeur d'un chœur d'artistes à l'église Sainte-Valère, rue de Bourgogne, à Paris. Plusieurs vendredis de suite, au moment où le prêtre élève l'ostensoir pour la bénédiction du Très Saint-Sacrement, il ressent une émotion extraordinaire, mélange de remords et d'attirance, si bien qu'il ne peut résister au désir de s'instruire de la religion catholique. Un prêtre lui remet l'*Exposé de la Doctrine chrétienne* de Lhomond. Dans cet état de tension inquiète, Hermann part pour Ems, en Allemagne. Un dimanche, il assiste à la messe.

1. Témoignage du baron de Bussières dans la brochure qu'il publia sous ce titre : *L'enfant de Marie. Un frère de plus.* Avignon, 1842. — Cité dans la traduction française (2ᵉ éd.) de William James, *l'Expérience religieuse*, Paris et Genève, 1903, p. 192.

« Au moment de l'élévation, a-t-il raconté, tout à coup, je sens éclater à travers
mes paupières un déluge de larmes... Il me
souvient d'avoir pleuré quelquefois dans
mon enfance ; mais jamais, non jamais,
de semblables larmes ne m'avaient été con-
nues. Pendant que j'en étais inondé, je sens
surgir, du plus profond de ma poitrine la-
cérée par ma conscience, les remords les
plus déchirants sur toute ma vie passée.
Soudain et spontanément, comme par in-
tuition, je me mis à offrir à Dieu une confession générale intérieure et rapide de
toutes mes énormes fautes depuis mon enfance ; je les voyais là, étalées devant moi
par milliers, hideuses, repoussantes, ré-
voltantes, méritant toute la colère du Juge
souverain... Et cependant je sentis aussi à
un calme inconnu qui bientôt vint répandre
comme son baume consolant sur toute mon
âme, que le Dieu de miséricorde me les par-
donnerait, qu'il détournerait les regards
de mes crimes, qu'il aurait pitié de ma sincère contrition, de ma douleur amère. Oui
je sentis qu'il me faisait grâce et qu'il ac-
ceptait en expiation ma ferme résolution
de l'aimer par-dessus tout et de me con-

vertir à Lui désormais. En sortant de cette église d'Ems, j'étais chrétien, oui, aussi chrétien qu'il est possible de l'être quand on n'a pas encore reçu le saint baptême[1]. »

De nos jours la grâce fait encore de ces coups, et dans les conditions les plus diverses. Dans *Roads to Rome*, le R. P. Robert Bracey, de l'ordre de Saint-Dominique, nous en fournit un cas typique. « Quand je cherche, dit-il, à rendre compte de la manière dont j'ai été amené à l'Église catholique, je n'ai pas à retracer l'histoire d'une évolution intellectuelle compliquée ou d'une lutte pénible avec de difficiles problèmes. S'il est permis de comparer les petites choses aux grandes et aux héroïques, la foi m'est venue, comme elle vint à saint Paul, par le moyen d'une soudaine illumination, sans lutte ou effort de ma part. » Élevé dans un milieu nettement « basse Église », tout autour de lui, sermons, conversations, livres, respirait la haine de la papauté et du ritualisme, si bien qu'avant l'âge de douze ans, la seule vue d'un prêtre ou d'un crucifix excitait son horreur. Sur

1. *Vie du R. P. Hermann*, par l'abbé Charles Sylvain, 4ᵉ édition, Paris, 1909, p. 44-45.

4

l'Église catholique, il n'avait lu ou entendu que des choses hostiles et malveillantes ; l'idée qu'il s'en faisait était pure caricature, et il estimait que tous les catholiques étaient nécessairement des dupes ou des coquins.

« En un jour que je ne saurais oublier, alors que j'étais dans ma seizième année, je me rendis à l'oratoire d'Edgbaston pour la grand'messe. J'y étais déjà allé une fois ou deux, poussé principalement par le désir de voir Newman, et je n'avais pas été du tout impressionné.

Et je me rappelle très bien, en cette occurrence, mon mépris pour toutes les choses que je voyais et ma parfaite ignorance de leur signification. Il arriva que ce matin-là le sermon fut des plus misérables, et le prédicateur pataugea lamentablement. Et cependant ce fut au milieu même de ce sermon que la foi me vint.

Je trouvai subitement, — comment, je ne sais, — que je croyais en cette religion dont je savais si peu de chose ; à mon grand déplaisir, — car je prévoyais les peines et les difficultés qu'un tel changement impliquerait. — je découvris que j'étais catholique.

Je sortis de l'église, les idées me tourbillonnant dans la tête, mais aussi certain de la vérité du catholicisme que je le suis aujourd'hui, et tout prêt à abandonner toutes choses pour son amour. Ce soir-là, pour la première fois depuis l'âge de huit ans, je dis mes prières; le lendemain matin, j'achetai quelques livres catholiques et me mis à les étudier avec ardeur.

Plus j'en lus, plus je fus satisfait; très tôt je me sentis capable d'apporter des arguments en faveur de la foi qui était en moi; mais la ferme conviction était là, avant que les lectures aient commencé[1]. »

En France, un des témoins du renouveau catholique nous offre un exemple analogue de conversion subite, exemple d'autant plus intéressant qu'il nous vient d'un grand réaliste, Paul Claudel.

A dix-huit ans, il avait perdu toute foi, oublié toute religion et était à l'égard du catholicisme « dans une ignorance de sauvage ». Seule la lecture d'un étrange poète, Arthur Rimbaud, avait ouvert « une fissure dans son bagne matérialiste ». Mais

1. Dans *Roads to Rome*, p. 10 et sqq.

son « état habituel d'asphyxie et de désespoir restait le même ». Le 26 décembre 1886, il se rendit à Notre-Dame de Paris pour y suivre les offices de Noël.

« Je commençais alors à écrire et il me semblait que dans les cérémonies catholiques, considérées avec un dilettantisme supérieur, je trouverais un excitant approprié et la matière de quelques exercices décadents. C'est dans ces dispositions que, coudoyé et bousculé par la foule, j'assistai, avec un plaisir médiocre, à la grand'-messe. Puis, n'ayant rien de mieux à faire, je revins aux vêpres. Les enfants de la maîtrise en robes blanches et les élèves du petit séminaire de Saint-Nicolas-du-Chardonnet qui les assistaient, étaient en train de chanter ce que je sus plus tard être le *Magnificat*. J'étais moi-même debout dans la foule près du second pilier à l'entrée du chœur, à droite, du côté de la sacristie.

Et c'est alors que se produisit l'événement qui domine toute ma vie. En un instant mon cœur fut touché et *je crus*. Je crus d'une telle force d'adhésion, d'un tel soulèvement de tout mon être, d'une conviction si puissante, d'une telle certitude

ne laissant place à aucune espèce de doute,
que, depuis, tous les livres, tous les raisonnements, tous les hasards d'une vie agitée
n'ont pu ébranler ma foi, ni, à vrai dire,
la toucher. J'avais eu tout à coup le sentiment déchirant de l'innocence, de l'éter-
nelle enfance de Dieu, une révélation ineffable. En essayant, comme je l'ai fait souvent, de reconstituer les minutes qui sui-
virent cet instant extraordinaire, je re-
trouve les éléments suivants qui cependant ne formaient qu'un seul éclair, une
seule arme, dont la Providence divine se
servait pour atteindre et s'ouvrir enfin le
cœur d'un pauvre enfant désespéré : « Que
les gens qui croient sont heureux ! — Si
c'était vrai, pourtant. — *C'est vrai.* — Dieu
existe, il est là. C'est quelqu'un, c'est un
être aussi personnel que moi ! — Il m'aime,
il m'appelle. » Les larmes et les sanglots
étaient venus et le chant si tendre de l'*A-
deste* ajoutait encore à mon émotion'. »

Ces récits peuvent déborder le cadre de
théories trop étroites, comme seraient
celles qui n'admettraient d'autre schème

---

1. *Les Témoins du renouveau catholique*, p. 65-66.

de la conversion qu'une succession d'actes,
intellectuels ou volontaires. Les conversions foudroyantes n'offrent pas trace de
ce développement par série. Au contact
des réalités vécues, le R. P. Mainage n'a
pu manquer de s'en apercevoir. Il a justement noté la complexité de ces actes de foi
subits, enveloppant, « avec l'affirmation
du christianisme, la preuve qui dépose en
faveur de ce dernier aux regards de la raison... tout ensemble amour initial, foi com-
mencée et jugement de crédibilité[1]. »
Puisque les faits sont tels et si clairement
attestés, le rôle de la théorie n'est pas de les
omettre ou de les torturer pour les plier à
des cadres préformés, mais de s'élargir elle-
même pour se modeler sur tout le réel. Car
ces conversions, pour brûler les étapes,

1. *La Psychologie de la conversion*, p. 66. — Ajoutons
seulement que cette complexité n'est pas le privilège exceptionnel des actes d'un Hermann Cohen, d'un Alphonse
Ratisbonne ou d'un Paul Claudel, mais qu'elle se retrouve
dans tout acte de foi. Ce n'est pas elle qui a différencié
la conversion de Paul Claudel et celle de Georges Dumesnil, mais la diversité des motifs, ici internes, là ex-
ternes, et la longueur de l'enquête. L'acte de foi, considéré en lui-même, dans ses éléments essentiels, ne fut
pas plus complexe ou anormal dans l'un que dans l'autre.
Chez les deux, ce fut une synthèse instantanée de certitude, de liberté et de grâce.

pour concentrer en un instant indivisible
la recherche et l'adhésion, l'enquête et l'assentiment, n'en sont pas moins véritables,
et on doit pouvoir y retrouver tous les éléments de la foi normale, certitude, liberté,
grâce, s'intégrant dans la synthèse d'un
acte instantané.

CHAPITRE IV

Les conversions
et les raisons de croire.

Comme l'apparition de la foi, brusquement suscitée par un coup de foudre ou surgissant après une longue incubation, les raisons de croire — ou, en style théologique, motifs de crédibilité — revêtent une très grande variété. Le Concile du Vatican s'est plu à rappeler, en un raccourci magnifique, les signes « si nombreux et si admirables disposés par la Providence divine pour l'évidente crédibilité de la foi chrétienne[1] ». Non moins nombreux et non moins admirables sont les modes concrets suivant lesquels ces signes opèrent.

Œuvre de la grâce, la foi est aussi œuvre de la nature. Les deux activités s'unissent en un mystérieux hymen, qui produit l'acte de foi. Cette collaboration est soumise à de grandes lois providentielles, mais

1. Denzinger-Bannwart, n° 1794.

dans le cadre de ces lois, il est étonnant de voir combien l'action combinée de Dieu et de l'homme est susceptible de modalités différentes, comment la grâce sait en quelque sorte s'adapter à la nature, se modeler sur elle pour la pénétrer et la transformer par le dedans.

Une âme, où a passé un premier frisson d'inquiétude religieuse, est-elle encore très éloignée de la vérité intégrale, défiante de tout ce qui porte distinctement l'étiquette de catholique, Dieu ne dédaigne pas de s'engager avec elle en des chemins sinueux, vrais chemins d'écoliers. Loin de l'éblouir par une lumière trop vive, des instruments imparfaits, mêlés d'erreur, hommes ou livres, lui jettent quelques pâles et fugitives clartés, qui l'acheminent peu à peu à des routes plus droites et plus sûres. Aux yeux de saint Augustin la lecture d'un dialogue de Cicéron, l'*Hortensius*, fut « une des grandes dates de sa vie… Il y reconnaît le premier signe et comme la promesse de sa conversion : « Déjà, dit-il, je m'étais levé, mon Dieu, pour retourner vers toi[1] ! » Il

1. Louis Bertrand, *Saint Augustin*, p. 127.

serait facile de cueillir des traits analogues
dans les récits contemporains. Le *Port-
Royal* de Sainte-Beuve, « cette histoire d'une
hérésie contée par un incrédule », fut pour
la dame protestante, dont la correspondance de M. l'abbé Frémont nous a fait
connaître l'évolution religieuse, l'occasion
des premières sympathies et admirations
pour le catholicisme : « Je suis témoin qu'il
a jeté dans une âme des semences de vérité :
quelque étonnant que cela puisse paraître,
Sainte-Beuve a rempli auprès de moi un
rôle d'apôtre[1]. » L'influence anglicane,
subie pendant un séjour à King's College
(Londres), ouvre une première fissure dans
le protestantisme libéral d'André de Bavier[2]. Beaucoup de convertis anglais pourraient rendre le même témoignage : partis
des confins du non-conformisme[3] ou de la
« basse Église[4] », ou simplement de l'anglicanisme moyen[5], leur passage à travers la
« haute Église » anglicane, en des milieux

1. Abbé Frémont, *Histoire d'une conversion*, p. 224-225.
2. *Les Témoins du renouveau catholique*, p. 182 et sqq.
3. Miss Adeline Sergeant, dans *Roads to Rome*, p. 239
et sqq.
4. Mgr W. Croke Robinson, *ibid.*, p. 218 et sqq.
5. Mgr Hugh Benson, Ronald Knox.

plus ou moins ritualistes, les a graduellement rapprochés de l'Église romaine.

Il n'est pas jusqu'à certaines attaques, perfides ou violentes, contre le catholicisme, qui ne puissent provoquer en des âmes loyales un premier ébranlement salutaire. La tirade d'un ministre anglican contre la transsubstantiation est pour le jeune D. Williams l'occasion de s'enquérir de ce dogme et finalement cette étude l'amène à la vraie foi[1]. Le pamphlet du Dr Littledale, *Raisons obvies contre l'union à l'Église de Rome*[2], arsenal classique des objections protestantes, a parfois produit le même effet, certainement contre les prévisions de son auteur. « Tout compte fait, ce livre m'a aidé à devenir catholique, écrit un converti de l'anglicanisme[3]; car connaissant le grec et le latin et ayant accès aux meilleures bibliothèques, je fus capable de vérifier ses assertions et le résultat fut que je fus saisi d'horreur à la vue de ce que jugeais être d'extraordinaires défigurations ou inintelli-

1. *Roads to Rome*, p. 318.

2. En anglais *Plain Reasons against the joining the Church of Rome.*

3. Le Rév. W. O. Sutcliffe, dans *Roads to Rome*, p. 266.

gence des textes cités. » L'exemple d'Élisabeth Leseur prouve que même la lecture de Renan peut amener d'efficaces réactions en des intelligences bien équilibrées, armées d'un ferme bon sens et d'un jugement droit[1]; l'hypocrisie foncière de l'auteur et, comme dit justement M. Louis Bertrand, « le sans-gêne vraiment incroyable avec lequel il manipule, élague ou supprime les textes[2] », les rejette vers l'étude directe des sources, et un examen loyal, sans truquage intermédiaire, ne tarde pas à les incliner vers les solutions catholiques.

Comme s'il voulait manifester d'une façon éclatante sa souveraine liberté dans la conduite des âmes, Dieu peut se servir de moyens encore plus hardis et inattendus surtout en des circonstances où il y a à renverser une formidable barrière de haines et de préjugés. Le spiritisme qui pratiqué par un catholique, dans un esprit de curiosité malsaine et de désobéissance aux lois de l'Église, risque d'amener la perte de la foi, — car c'est là tenter Dieu, — pourra être

---

1. *Journal et pensées de chaque jour*, Introduction p. 14-15.

2. *Les Témoins du renouveau catholique*, p. 142.

pour un incrédule qui cherche la lumière en toute sincérité un acheminement vers la vérité. Le cas est exceptionnel ; l'histoire de Mme Mink-Jullien nous montre qu'il n'est pas chimérique. Élevée dans l'athéisme, mariée à un socialiste militant, animée d'une haine farouche contre l'Église catholique, elle reste veuve à Hanoï. Pour complaire aux sollicitations d'une amie, elle essaye, sans y croire, des tables tournantes. Elle obtient des réponses qui se donnent comme venant de son mari, réponses sages, mesurées, si bien qu'elle finit par ne plus douter de l'existence d'un monde spirituel. Un jour même, la table demande à une amie de Mme Mink-Jullien de réciter pour celle-ci un *Pater* et un *Ave Maria*. « Le soir, écrit la future convertie, j'étais occupée à méditer sur toutes ces choses étranges, et j'étais étendue sur ma chaise longue, les yeux fermés. Je ne saurais vous expliquer clairement ce qui m'arriva alors. Je me sentis pénétrée d'une lumière intérieure très douce, très rapide et très légère. C'est le cas ou jamais de dire que « c'était comme l'aube d'un jour merveilleux. » Dans un centième de seconde je compris, je ne sais comment, que Dieu est. Cela était déjà comme les prémices d'une révélation lumineuse[1]. » De cette illumination à la demande positive du baptême chrétien, il y aura encore du chemin, mais la route est ouverte et l'âme ira jusqu'au bout.

A mesure que l'âme approche de la vérité, la grâce continue de l'assister avec une merveilleuse souplesse. Rien de plus délié, de plus délicat, de plus personnel que l'action du Saint-Esprit. Il coopère avec l'âme,

1. *Les Voies de Dieu*, p. 58-59. — L'interprétation de ces faits est délicate, étant donné le mystère dont ils s'enveloppent. Pourtant il n'apparait pas impossible que Dieu se serve *exceptionnellement* d'un moyen, dont l'usage plein de dangers pour les catholiques, justifie les prohibitions de l'Eglise, mais qui n'est pas prouvé être toujours et nécessairement mauvais. Comme le remarque le R. P. Mainage, dans sa préface au récit de Mme Mink-Jullien, « si l'Eglise défend de *provoquer* les phénomènes de l'occultisme, elle ne se prononce pas sur le fond du problème. Elle ne dit pas que nécessairement et par essence tout phénomène de ce genre soit un effet démoniaque » (p. XVII). Le même auteur ajoute judicieusement que cette utilisation exceptionnelle du spiritisme pour une bonne fin « ne nous autorise nullement à induire que Dieu sanctionne la prétention de certains croyants » à le pratiquer. « Entre Mme Mink-Jullien et ces chrétiens peu scrupuleux, il y a toute la distance qui sépare la bonne foi de la curiosité malsaine et maladive ». (*Ibid.*, p. XX-XXI).

mais avec l'âme telle qu'elle est, qui n'est pas l'âme en général, mais l'âme avec ses particularités individuelles, son passé, ses penchants, ses goûts. Ondoyante et diverse comme les esprits humains, la grâce les aide à trouver les raisons de croire qui ont chance de s'insérer plus profondément dans le contexte psychologique du futur converti, d'en colorer de façon plus intense les divers éléments, intelligence, volonté, mémoire, imagination. A l'artiste que séduit la beauté, elle fera goûter les richesses inépuisables de la liturgie et en découvrira la source divine. Au psychologue ou à l'ascète épris de valeurs morales, elle offrira le spectacle de la sainteté, sainteté présente ou sainteté passée, individuelle ou collective. Dans le philosophe intellectualiste, elle excitera l'admiration pour l'harmonie et la grandeur de la synthèse dogmatique. Aux esprits positifs, avides d'ordre et de netteté, elle donnera de comprendre la stabilité de l'Église catholique et sa magnifique intransigeance. D'autres, dont le culte protestant ne peut assouvir le désir d'une union intime avec Dieu, seront attirés par la richesse de la vie sacramentelle catholique, spécialement dans la Sainte Eucharistie[1].

Autant de raisons excellentes, sur lesquelles appuyer une foi absolument certaine, car elles ne sont que des aspects « de ce grand et perpétuel motif de crédibilité, de ce témoignage irréfragable[2] », que constitue l'Église catholique. Aussi ne voyons-nous aucune raison d'imaginer à leur endroit, après le R. P. Gardeil et ses disciples, une théorie dite des suppléances subjectives de la crédibilité, comme si ces raisons ne pouvaient, dans les mêmes conditions que le miracle physique et la prophétie, fonder une foi objectivement certaine. L'Évangile ne donne-t-il pas des louanges à ceux qui pour croire n'ont pas besoin de prodiges et reconnaissent la divinité du Christ à la seule présentation de sa doctrine[3] ? Tels ces Samaritains, dont parle saint Jean, qui crurent, non pour ce que le Christ avait raconté à la femme rencontrée près du puits de Jacob, mais « pour l'avoir entendu lui-même[4] ».

1. Voir les autobiographies publiées par le R. P. Abt sous le titre : *Une conversion de protestants par la Sainte Eucharistie*, 2ᵉ édition, Paris (Beauchesne), 1911.
2. Denzinger-Bannwart, nº 1794.
3. Jean, VII, 17.
4. Jean, V, 41.

Les conversions instantanées, comme celles de Hermann Cohen, de Paul Claudel et du R. P. Robert Bracey, montrent aussi que le motif peut être d'ordre purement psychologique. Ce sera un attrait si fort pour la doctrine chrétienne qu'il se révèlera nettement à la conscience comme surnaturel et divin. Raison de croire très légitime : saint Thomas est net sur ce point. A la question qui lui fut un jour posée : Est-ce que les hommes auraient dû croire au Christ, même s'il n'avait pas opéré de miracles visibles ? il répond affirmativement : « Il restait d'autres arguments, la transcendance de la doctrine, le témoignage des Écritures, et *l'appel intérieur*[1]. »

Les maîtres de la vie spirituelle s'accordent avec le Docteur angélique. On sait que les *Exercices* de saint Ignace, aux règles de l'élection, distinguent trois temps pour procéder au choix d'un état de vie. Le premier temps est précisément celui où l'attrait est si fort que l'âme ne peut douter de son origine surnaturelle : « Ainsi firent saint Paul et saint Matthieu, en suivant le Christ, Notre-Seigneur ». Ces deux exemples

1. *Quodlibet* II, a. 6.

ont ceci de particulier qu'en fait la conversion coïncida avec la vocation. Même coïncidence dans le cas du Père Paul Ginhac, converti et déterminé à se faire jésuite par une grâce soudaine. Lors d'une grande procession de mission à Mende, en 1842, il aperçoit, au détour d'une rue, un brancard porté par des jeunes gens et sur lequel reposait un grand Christ. « Je le regardai, a-t-il raconté à sa sœur visitandine. Tout à coup il me sembla que cette figure était resplendissante de clarté et qu'elle transperçait mon cœur. Il me fallut baisser les yeux et je me sentis intérieurement tout changé. Je ne me reconnaissais plus. Depuis lors je suis dans la disposition de me donner entièrement à Dieu. » Et à une autre personne, il ajoutait : « Pour ma vocation je fus entraîné avec une telle puissance que tout l'univers, armé contre moi, ne m'aurait pas ébranlé[1]. »

1. *Le P. Paul Ginhac* (1824-1895), par le P. Calvet, Toulouse, 1901, p. 18. — Dans un des articles précédemment cités du R. P. Dutilleul, *Vocations religieuses au dix-septième siècle* (*Études*, t. CXXX, 1912, p. 210), je relève un autre cas typique de vocation proprement dite, déterminée par une inspiration soudaine qui ne laisse place à aucune perplexité. « Anne de Beauveau, chrétien incomparable,

Ici encore, il n'y a pas lieu de parler de suppléances subjectives de la crédibilité, puisque le motif est parfaitement suffisant pour fonder une foi objectivement certaine. Ou si l'on admet la valeur objective de l'argument, mais que l'on requière la grâce pour sa perception, comme nous pensons qu'on doit le faire[1], il faut poser les mêmes conditions pour tous les autres motifs. Il n'y a sous ce rapport aucune distinction à établir entre des signes qui sont tous,

réconcilié avec les Jésuites dont un frère coadjuteur avait guéri et soigné son fils ainé, vient à Pont-à-Mousson faire une retraite pour la seconde fois : Le samedi [raconte-t-il], pendant l'octave de la Visitation, l'an 1652, étant à genoux dans la tribune du fond de l'église des Jésuites à Pont-à-Mousson, regardant les images de saint Ignace et de saint François-Xavier représentées dans un étendard qui pend à la voûte, je me sentis subitement inspiré d'entrer dans la Compagnie de Jésus, et de m'y sacrifier au service des missions de l'Inde orientale, sans avoir contribué en aucune manière à cette pensée : l'inspiration de Dieu et mon consentement ne furent séparés d'aucun instant que je puisse comprendre, bien que je me souvienne que je considérai la seule vocation de l'Inde avec quelque réflexion, néanmoins si subite que je ne puis l'exprimer comme je voudrais, et ensuite de cette vue, ma volonté fut tellement emportée et si fort affermie dans ce dessein, que depuis elle n'a jamais chancelé. »

1. C'est ce que nous avons essayé de montrer dans un article des *Recherches de science religieuse* (janvier-avril 1918) sous le titre : *Miracle et lumière de grâce.*

suivant le mot de saint Thomas, des témoignages de la puissance divine et qu'il range également au rang des œuvres du Christ, *opera*[1] : pas plus qu'il n'y a de raison d'établir deux castes de fidèles, les simples qui ont besoin de la grâce pour percevoir la vérité de la religion, et les doctes qui peuvent s'en passer.

La différence n'est pas là, mais dans le degré d'aptitude que possèdent ces motifs à être exprimés, développés, communiqués. Les illuminations soudaines d'Alphonse Ratisbonne, du R. P. Ginhac, de Paul Claudel ou du R. P. Robert Bracey sont des faits strictement individuels. Il en est d'elles, comme de plusieurs expériences des mystiques et des saints. Elles suffisent à fonder une certitude parfaitement objective : saint Ignace de Loyola ne disait-il pas que, quand bien même les saintes Lettres n'auraient pas existé, il aurait trouvé une raison suffisante d'affronter le martyre dans ce que le Seigneur lui avait révélé à Manrèse[2] ? Mais ces expériences sont de leur

---

1. Ainsi dans le *Quodlibet* II, a. 6.

2. *Bréviaire romain*, 31 juillet, quatrième leçon. — On peut comparer les affirmations de sainte Thérèse sur la

nature incommunicables. L'avantage des
autres signes, miracles physiques, miracles
moraux, prophéties, c'est d'être, au contraire, des faits patents, visibles, mani-
festes, dès lors exprimables et communi-
cables. Cette puissance de rayonnement,
cette valeur catéchétique et sociale en font
des matériaux de premier ordre pour l'apologétique ; ils en constituent même l'armature la plus solide.

certitude que l'âme possède des opérations divines dans
l'oraison d'union et le mariage spirituel : « On reconnaît
d'une manière évidente, par certaines aspirations se-
crètes, que c'est Dieu qui donne vie à notre âme. Et
souvent ces aspirations sont si vives qu'elles ne peuvent
laisser place au moindre doute. *L'âme, tout incapable
qu'elle est de les exprimer, en a le sentiment très vif*
[C'est moi qui souligne]... Ainsi de même qu'une personne qu'on plongerait soudain dans l'eau au moment
où elle y songerait le moins, ne pourrait pas ne point
le sentir, de même et avec plus de certitude encore l'âme
perçoit les opérations dont je parle. Une eau ne peut
jaillir à flots sans avoir sa source quelque part, ainsi
l'âme comprend clairement qu'il y a en elle quelqu'un
qui lance les flèches qui la transpercent et qui donne vie
à sa nouvelle vie ; qu'il y a un soleil d'où procède cette
brillante lumière qui de son intérieur va illuminer ses
puissances ». *Château intérieur*, VII⁰ demeure. c. II. édition des Carmélites de Paris. p. 288. — Nous supposons,
suivant la doctrine de saint Thomas, que les grâces
de contemplation mystique rentrent dans la connaissance de foi.

CHAPITRE V

L'interprétation religieuse des faits de conversion.

Par un juste retour, le théologien, qui s'instruit à la lecture des récits de conversion, a bien aussi son mot à dire quand il s'agit de les interpréter. Les certitudes dogmatiques, au service de la finesse psychologique, seront toujours la meilleure clef pour pénétrer en ces mystères de la grâce. Il serait fort à souhaiter, pour la clarté des idées, que dans la littérature religieuse, apologétique ou purement descriptive, on délimitât les sens divers du mot de *conversion*.

De nos jours son élasticité sert à couvrir des attitudes qui demanderaient à être distinguées: passage de l'incrédulité à la foi, passage, dans un fidèle, d'une vie coupable à la piété et à la ferveur. Ces phénomènes spirituels peuvent s'éclairer les uns les autres. Ce n'est pas une raison pour supprimer toute distinction, pour ramener toute conversion au passage de l'impiété à la piété, comme le fait par exemple William James. Foi et charité sont deux vertus théologales distinctes, et qui ne se tiennent pas par des liens d'absolue réciprocité : si l'on n'a pas la charité sans la foi, on peut avoir la foi sans la charité.

Les distinctions entre foi nue, désolée, et foi sentie, consolée, entre assentiment intérieure et foi extériorisée, ne sont pas non plus sans projeter quelque clarté sur les histoires de conversion ; et les règles de saint Ignace sur le discernement des esprits peuvent trouver ici une légitime application. Au moment de la conversion, entre l'adhésion intérieure et la profession publique de la foi catholique, il n'est pas rare que le converti passe par d'étranges désolations. L'obstacle peut être principalement extérieur : des oppositions de famille retardent une abjuration ; le mauvais esprit en profite pour jeter l'âme dans l'inquiétude et le trouble. Mme d'Arras, qui connut cette épreuve, la décrivait ainsi :

« Les jours passaient pour moi dans une tristesse indicible ; je pense que je serais montée avec joie à l'échafaud ou au bûcher, si on m'avait dit : Vous avez la permission de vous faire catholique ! En même temps, il se livrait en moi des combats terribles : Avais-je raison ? La religion catholique était-elle vraie ? Qui sait ? peut-être, après avoir tant fait souffrir mes parents, je me trouverais dans l'erreur ? Il est impossible de dire ce que je souffrais... Je priais. Mais là aussi, quel tourment ! Je n'osais pas réciter des prières catholiques, me demandant si ce n'était point mal agir ; je ne pouvais pas non plus faire des prières protestantes. Il y avait là une grande erreur, car je pouvais dire le *Pater*, les psaumes, le *Te Deum*. Mais je n'avais que dix-huit ans, j'étais faible de caractère, très tourmentée, et j'étais seule[1]. »

En d'autres cas, l'obstacle sera surtout intérieur : la foi s'est implantée, mais des préjugés subsistent, qui tiennent au milieu, à l'éducation, aux premières croyances

---

1. *Une Anglaise convertie*, par le P. H. d'Arras, Paris 1909, p. 35.

Théodore Ratisbonne, le frère d'Alphonse
et comme lui converti, a raconté ses luttes
pour dépouiller le vieil homme juif.
« Comment exprimer les combats que j'eus
à livrer à mes préjugés, à mes souvenirs
d'enfance, à mes répugnances antichré-
tiennes. Ce n'étaient point des objections
rationnelles qu'il fallait combattre ; c'é-
taient les angoisses d'une conscience ju-
daïque qu'il fallait apaiser... Chose bizarre !
je croyais déjà en Jésus-Christ ; et cependant je ne pouvais me décider à l'invoquer,
à prononcer son nom, tant est profonde et
invétérée l'aversion des Juifs pour ce nom
sacré ! Une singulière circonstance mit
ma foi à l'épreuve. J'étais tombé malade
dans une hôtellerie en Suisse, et mon imagination, frappée par de sinistres présages,
me faisait croire à une mort soudaine. De
gros nuages couvraient mon esprit et dans
ce moment décisif je ne savais quel Dieu
invoquer. J'étais en proie aux plus cruelles
perplexités ; mon intérieur était comme
un champ de bataille où mon ancienne foi
et ma foi nouvelle se heurtaient avec force ;
je n'osais prier, je craignais d'offenser le
Dieu d'Abraham en invoquant le Dieu

des chrétiens. L'obscurité était grande, mais la lumière de la grâce triompha. Le nom de Jésus sortit de ma bouche comme un cri de détresse. C'était le soir, et le lendemain ma fièvre m'avait quitté et j'étais si bien rétabli, que le jour même je continuai ma route. Dès ce jour aussi le nom de Jésus me devint doux à prononcer ; je le priai avec confiance ; j'osai invoquer la Vierge sainte et l'appeler ma Mère [1]. »

Assez souvent, chez les convertis du protestantisme, les derniers mois qui précèdent l'entrée dans l'Église catholique verront l'âme en butte à une crainte et à une dépression plus ou moins définies, parfois à une véritable tempête psychologique devant la perspective de quitter une maison familière, obscure il est vrai, mais bien chaude, bien capitonnée, pour entrer dans un palais de cristal où l'on sera seul et où on aura froid. Combien de convertis de l'anglicanisme pourraient s'approprier les paroles de Mᵍʳ Hugh Benson racontant ses troubles avant de faire le pas, avant de poser l'acte qui l'agrégerait publiquement au catholicisme ?

1. Dans Migne, *Dictionnaire des conversions*, col. 1122.

« La somme totale de mes impressions d'alors était la sensation d'un immense désert spirituel dans lequel je me trouvais plongé et que dominait à l'horizon la Cité de Dieu, aperçue aussi clairement que des montagnes avant la pluie. Cette cité était là devant moi vivante et imposante comme une révélation, et je me tenais en face d'elle et la contemplais tout en me demandant si ce n'était pas un mirage ou parfois si ce n'était pas un monument illusoire construit par le démon pour me perdre. Le cardinal Newman a une phrase qui me semble définir excellemment ma condition mentale de cette période. Je savais que l'Église catholique était l'Église véritable ; mais « je ne savais pas encore absolument que je le savais [1] ».

D'autres qui n'avaient pas à abandonner la religion de leur enfance, mais à y revenir, ont connu des luttes analogues. On a lu précédemment le récit de la conversion de Paul Claudel : quatre ans sépareront l'adhésion intérieure et la première

1. *Les Confessions d'un converti*, trad. de Wyzewa, 2ᵉ éd., Paris, 1914, p. 202-203.

absolution, quatre ans de combats et d'angoisses.

« J'ose dire que je fis une belle défense et que la lutte fut loyale et complète. Rien ne fut omis. J'usai de tous les moyens de résistance et je dus abandonner l'une après l'autre des armes qui ne me servaient à rien Ce fut la grande crise de mon existence, cette agonie de la pensée dont Arthur Rimbaud a écrit : « Le combat spirituel est aussi brutal que la bataille d'hommes. Dure nuit ! le sang séché fume sur ma face[1] ! »

La crise s'apaise ordinairement, — il y a pourtant des exceptions, — dès qu'est posé un acte extérieur qui engage définitivement à la profession publique du catholicisme : abjuration pour les convertis du schisme et de l'hérésie, confession et communion pour les prodigues du catholicisme. Un psychologue comme William James, qui, par fidélité plus ou moins consciente au préjugé protestant, n'admet d'autre foi que la foi sentie, consolée, exal-

1. *Les Témoins du renouveau catholique*, p. 67.

tée, fera dater de ce moment la conversion. Un théologien catholique, qui n'est pas captif de la même erreur, poussera l'analyse plus avant et se demandera s'il n'y avait pas déjà auparavant foi véritable, adhésion intérieure à l'Église catholique. Il est des cas où la réponse est claire. La lutte engagée dans l'âme d'un Théodore Ratisbonne ou d'un Paul Claudel, après sa subite illumination, se livrait autour d'une foi déjà existante. C'était la grande tentation qui visait à renverser un arbre nouvellement planté et dont les racines n'avaient pas encore tracé à travers tout le système intellectuel et moral des nouveaux convertis. Et de même, comment douter que la jeune Anglaise, qui devait devenir Mme d'Arras, au milieu de ses angoisses et de ses doutes n'adhérât déjà intérieurement à la véritable Église, elle qui portait au cou dans un sachet de soie un papier sur lequel elle avait écrit : « Si je meurs, je meurs catholique » ?

Il est des psychologies qui se laissent moins aisément débrouiller. Rien de plus difficile pour une âme désolée que de savoir exactement ce qui se passe en elle, puisque, comme le remarque excellemment saint Ignace, le propre de la désolation, c'est d'enténébrer l'âme[1]. A plus forte raison, rien de plus difficile, surtout à plusieurs années de distance, que de tracer le graphique exact de cette période tourmentée. On trouve des catholiques, qui passent parfois par des bourrasques si violentes ou une insensibilité spirituelle si grande qu'à les en croire il n'est plus sûr qu'ils aient la foi. En réalité il n'y a là qu'une épreuve, et l'arbre tient toujours. Les *Lettres de direction* de Mgr d'Hulst nous offrent un exemple fort instructif de ces états d'âme complexes, se prolongeant pendant des années. Que de fois l'éminent Directeur n'eut-il pas à rassurer sa correspondante dans cette nuit douloureuse, dans ce « trou noir », où Dieu pourtant agissait, puisqu'il devait se rendre le maître de cette âme et l'engager dans les voies de la plus haute perfection ! Supposez la même personne sans l'appui d'une direction lucide. Peut-être aurait-elle dit avec Newman : « Dix mille difficultés ne font pas un doute. » Mais n'est-il pas plus

---

1. *Règles du discernement des esprits* (1re semaine) : quatrième règle.

probable qu'elle aurait été tentée de confondre ses ténèbres et ses difficultés avec des doutes réels, son insensibilité avec l'absence de foi ?

De même tel converti, au souvenir des agitations qui ont précédé le premier geste public de foi catholique, jugera qu'il n'adhérait pas encore à l'Église, alors que la foi existait, mais combattue, secouée par la tempête. Des nuées sophistiques traversaient un ciel qu'une lumière divine éclairait déjà. Souvent la formule la moins éloignée de la vérité serait un aveu d'ignorance[1], comme celui de Pierre van der Meer

1. Certains témoignages de gens ayant perdu la foi donneraient lieu à des observations analogues, en ce sens que quelqu'un pourra n'être plus chrétien avant qu'il se l'avoue explicitement à lui-même et se décide à agir en conséquence. Tel aurait été le cas de Jouffroy, s'il faut s'en rapporter à ce qu'il a raconté dans ses *Nouveaux Mélanges philosophiques*, p. 82 : « C'est sur cette pente que mon intelligence avait glissé, et que, peu à peu, elle s'était éloignée de la foi. Mais cette mélancolique révolution ne s'était point opérée au grand jour de ma conscience : trop de scrupules, trop de vives et saintes affections me l'avaient rendue redoutable pour que je m'en fusse avoué les progrès. Elle s'était accomplie sourdement, par un travail involontaire dont je n'avais pas été complice, et depuis longtemps je n'étais plus chrétien, que dans l'innocence de mon intention, j'aurais frémi de le soupçonner ou cru me calomnier

de Walcheren : « Depuis quand ai-je donc la foi ? Je l'ignore, je ne saurais le dire. » Aussi plusieurs de ces histoires d'âmes troublées et agitées ne peuvent-elles être utilisées qu'avec grande délicatesse et réserve. Ce n'est pas à ces cas obscurs d'éclairer une explication de la foi, mais bien plutôt à une théorie ferme d'y projeter sa lumière. Et comme les théories varient entre les théologiens, il se peut aussi que les interprétations divergent.

Le R. P. Mainage, dans sa *Psychologie de la conversion*, a analysé quelques-unes de ces conversions tourmentées, Thayer, Miss Baker. Il a cru pouvoir déterminer à quel moment précis s'est placée l'adhésion intérieure au catholicisme, qu'il ne nous semble pas toujours distinguer suffisamment du changement de vie proprement dit. D'autres hésiteront à découper avec cette netteté les scènes de drames aussi complexes, dont les acteurs n'étaient peut-être pas capables, au moment même ou après

de le dire ». — Inutile d'ajouter que je ne me porte nullement garant de l'innocence des intentions de Jouffroy, tout au long de l'évolution psychologique qui aboutit à la perte de la foi.

coup, de démêler exactement toutes les péripéties. En tout cas, ce qu'ils ne sauraient
admettre, c'est l'existence d'un assentiment
qui viendrait se superposer à la perception
certaine de la vérité du catholicisme. Quiconque prononce intérieurement, avec
pleine conviction : « L'Église catholique
est divine », celui-là a la foi. Cette foi, avant
de s'extérioriser, avant de déterminer la
ferme résolution d'un changement de vie,
la *conversion du cœur*, pourra connaître des
combats, des assauts, elle existe.

Autre chose aussi est la représentation
des arguments, autre chose, la perception
de la connexion, la synthèse ; et nous ne
saurions non plus admettre que dans la
conversion l'évolution intellectuelle soit
terminée *avant la foi*, et que de ce point terminus on passe à l'adhésion de foi, par une
simple poussée de la volonté, sans qu'il y
ait rien de nouveau intellectuellement. Il
se peut qu'il n'y ait rien de nouveau comme
présentation d'arguments, comme *objet* à
connaître. Mais la nouveauté sera du côté
du *sujet* qui verra clairement là où auparavant il n'avait ni la pleine lumière, ni la
pleine certitude. C'est le *sujet* qui est inté-

rieurement changé ; auparavant il n'était pas accordé au surnaturel, il n'était pas *au point*, il s'y met librement par sa coopération à la grâce ; suivant le mot de saint Jean[1], Dieu lui donne une nouvelle « intelligence », un nouveau pouvoir de discernement et d'interprétation du réel, qui le rend susceptible des vérités proposées. Et cela c'est bien aussi un changement intellectuel, précisément le terminus de l'évolution intellectuelle, l'acte de foi.

Souvent les convertis, évadés de la tour de Babel du protestantisme, s'étonnent, dans leur retour sur le passé, des longues années qu'ils ont mises à franchir l'étape. Leur ancienne erreur leur apparaît aussi énorme que celle de l'homme à demi éveillé qui prendrait « une pile de couvertures blanches pour un ours polaire[2] ». « Comment se fait-il, se demandait après tant d'autres Mgr Croke Robinson, qu'il ait fallu si longtemps pour découvrir ce qu'un moment de sérieuse réflexion et l'exercice du simple bon sens auraient dû suffire, ce semble, à révéler ? Comment se fait-il que

1. I[a] Joannis, V, 20.
2. Ronald Knox, *A Spiritual Aeneid*, p. 3.

tout Anglican ne le voie pas? » Et il donnait la réponse : « Dieu seul peut accorder la faculté de voir aussi bien dans l'ordre de la grâce que dans l'ordre de la nature ; et jusqu'à ce qu'il l'accorde, aucun homme ne peut se la procurer par simple voie d'induction scientifique[1]. » Sans le savoir, il rejoignait le célèbre mot de Bossuet dans l'oraison funèbre d'Anne de Gonzague : « Il manque un sens aux incrédules comme à l'aveugle, et ce sens, c'est Dieu qui le donne, selon ce que dit saint Jean : il nous a donné un sens pour connaître le vrai Dieu et pour être en son vrai Fils[2]. »

De cette doctrine, Dom Bede Camm, le bénédictin anglais bien connu, a apporté une illustration personnelle et frappante. Déjà ébranlé dans la croyance à la vérité de l'Église anglicane, attiré vers Rome, « j'étais encore, dit-il, tourmenté de doutes et d'anxiétés, je ne voyais pas encore clairement. Enfin je partis pour un voyage de vacances à l'étranger. Un jour que j'étais

1. Dans *Roads to Rome*, p. 220-221.

2. *Œuvres de Bossuet*, édition Lachat, t. XII, p. 554. — Ajoutons que ce « sens », Dieu ne le refuse à aucun chercheur de bonne volonté.

agenouillé dans une église de couvent, j'entendis les moines chanter ces mots du *Credo* : « *Et unam, sanctam, catholicam et apostolicam Ecclesiam.* » Et à mesure qu'ils les chantaient, les nuages disparaissaient de mon âme et la lumière de la foi brilla sur elle pour toujours. Je vis alors, — d'une façon que je ne puis décrire autrement que comme l'aveugle-né de l'Évangile : « Tout ce que je sais, c'est que j'étais aveugle et que maintenant je vois », — je vis qu'antérieurement je n'avais pas cru en *une* Église. Je vis ce que signifiait réellement l'unité de l'Église, et cette vue me remplit de joie, et je remerciai Dieu [1]. »

C'est bien là cette ouverture des sens de l'âme, dont parle saint Augustin, par laquelle « Dieu, qui est lumière, illumine les âmes pieuses, afin qu'elles comprennent les choses divines qui leur sont dites ou montrées [2] ».

1. *Roads to Rome*, p. 32.
2. *Enarr. in Ps.* cxviii, v. 18, n. 4 (*P. L.*, xxxvii, 1553).

CHAPITRE VI

Les faits de conversion
et l'apologétique.

A leurs utilités théologiques, les récits de conversion en ajoutent qui regardent spécialement l'apologiste : les unes sont d'ordre plus immédiatement pratique, les autres concernent plutôt l'apologétique théorique. Le premier service est d'aider l'apôtre à connaitre la psychologie concrète de ses contemporains, leurs tendances, leurs aspirations, les obstacles qui arrêtent ceux qui sont en marche vers la vérité, les arguments qui paraissent les plus propres à les frapper.

Sous ce rapport, le recueil publié par le R. P. Mainage, sous le titre : *les Témoins du renouveau catholique*, est éminemment instructif par la variété des récits. Deux générations s'y coudoient. La plus ancienne, qui arrivait à la jeunesse en 1880 et 1890, apparaît vaguement déiste chez quelques-uns de ses représentants, plus souvent tout imbue de l'influence de Renan, du Renan corrupteur et déliquescent des dialogues et drames philosophiques. Les convertis de la génération plus proche de nous, celle qui avait vingt ans entre 1900 et 1910, se distinguent de leurs aînés. Commençant à se libérer du scientisme et du dilettantisme, ils ambitionnent de déployer toutes les virtualités d'une action puissante, de mener une vie pleine, dont la volonté autonome sera l'unique ouvrière. Plus de dogmatisme qui s'impose du dehors, plus d'autorité qui enchaîne ; la vie religieuse doit sourdre et jaillir uniquement du dedans.

Sous ces différences, il n'est pas difficile de découvrir des traits communs. Comme le note très justement le R. P. Mainage, « qu'ils soient positivistes ou scientistes, ou dilettantes, ou libéraux, qu'ils aient suivi les errements des tristes années « quatre-vingts » ou des remuantes années de 1900, ces intellectuels entretiennent à l'égard de l'Église le même préjugé tenace. Ils l'exècrent et ils l'écartent parce qu'elle se présente à eux comme une règle imposée de l'extérieur, dont l'autorité doctrinale ou morale n'admet pas la discussion et, par conséquent, écrase de son poids meurtrier la liberté individuelle, liberté de pensée et liberté de vie[1] ». Le don apparaît comme une diminution, la soumission comme une mutilation. « Quel joug étroit que toutes ces idées, écrivait Pierre van der Meer de Walcheren, pour moi qui veux être ouvert à tous les courants, à toutes les manifestations de la vie, pour moi qui admire aussi bien la terrible solitude et l'audace sacrilège d'un Nietzsche que la charité d'un saint François. La religion, au moins ce qu'on peut désigner véritablement par ce mot, me semble une contrainte, une limitation, un amoindrissement[2]. » C'est là le plus grand obstacle. Pour qu'il cède, il faudra que la perspective soit retournée, que, malgré les sacrifices qu'elle impose, la sujétion apparaisse finalement comme une libération, le don de soi comme une expansion, Dieu nous grandissant à sa taille, et non plus l'homme ramenant Dieu à la sienne.

1. *Les Témoins du renouveau catholique*, p. 31.
2. *Journal d'un converti*, p. 112.

Si dans certains cas exceptionnels le changement se fait à vue, le plus souvent la substitution sera lente et progressive, partira d'un commencement très éloigné pour aboutir peu à peu à la foi. Personne n'a mieux exprimé que Fénelon ces premiers et timides appels, cette lointaine préparation du cœur, « d'autant plus confuse qu'elle est générale ; c'est un sentiment confus de notre impuissance, un désir de ce qui nous manque, un penchant à trouver au-dessus de nous ce que nous cherchons en vain au dedans de nous-mêmes, une tristesse sur le vide de notre cœur, une faim et une soif de la vérité, une disposition sincère à supposer facilement qu'on se trompe et à croire qu'on a besoin de secours pour ne se tromper plus[1] ». C'était vrai au dix-septième siècle, et c'est encore vrai de nos jours. Écoutez Pierre van der Meer de Walcheren, tout à fait au début de son évolution vers le catholicisme, lorsqu'il est encore en pleine terre de misère et de ténèbres. Dans l'intelligence règne un agnosticisme qui se pose comme radical.

1. *Lettre sixième sur la Religion*, dans les *Œuvres de Fénelon* (éd. Saint-Sulpice), t. I, p. 136.

« Je ne crois à rien, écrit-il, après avoir reçu les confidences d'un vieil homme cynique et scélérat. Donc je ne peux pas condamner cet homme et ses actes. Au nom de qui ou de quoi le pourrais-je ? Pourquoi aurait-il dû agir autrement puisqu'il lui plaisait d'agir ainsi ? Tout est permis. Je le sais. N'ai-je pas pensé moi-même des choses plus abominables peut-être et ne me suis-je pas complu dans ces pensées et ces images ? Chacun est libre de faire ce qu'il désire, s'il en a seulement le courage. Cet homme ne s'est pas laissé emprisonner dans des opinions et des convenances étroites. A qui ou à quoi devait-il compte de ces actes ? Évidemment à personne. Car il n'y a rien au-dessus de lui. Il a raison. moi j'ai tort. Tout est permis. Il n'y a pas de limites, il n'y a pas de loi. Ni le bien ni le mal n'existent.

Mais pourquoi, mon âme, sanglotes-tu ? Tu désires la pureté, la noblesse, les hautes et belles choses ? — Question d'hérédité ! Ataviques préjugés, que je devrais arracher, puisqu'ils ne correspondent à aucune **réalité**.

Et pourtant, dans le plus profond de mon âme vibre un sentiment très vague et très

imprécis que tout cela n'est pas vrai, que
quelque chose existe en dehors de nous
dans cet univers qui m'écrase de son lourd
silence, — mais quoi? — et que nous ne
sommes pas des animaux, mais de sublimes
exilés qui ont vraiment trop oublié leur
patrie[1]. »

Ce « sentiment très vague et très imprécis », « cette immortelle inquiétude d'un
cœur qui sait s'entendre », ressentie par
Ernest Psichari en plein Sahara, ce
« quelque chose d'immensément imprécis »,
vide de l'âme et nostalgie d'une paix lointaine, qu'éprouvait Illemo Camelli après
la faillite de ses espoirs socialistes, c'est bien
ce germe secret et informe, dont parle Fénelon après saint Augustin, où le surnaturel se mêle déjà à la nature et qui ira se
développant jusqu'à la naissance de
l'homme nouveau. « Tu me cherches, dit
Dieu à Maxence, et je suis là, pourtant, dans
ce dégoût de toi-même qui t'est venu, dans
cette lourdeur de ton âme captive et jusque
dans le cauchemar affreux de tes péchés[2]. »

1. *Journal d'un converti*, p. 8-9.
2. *Le Voyage du Centurion*, Paris, Conrard, 1916, p. 196.

Dans ce magnifique dialogue entre le Maître du ciel et de la terre et le voyageur qui cherche, Ernest Psichari ne faisait qu'exprimer une idée tout à fait conforme à la doctrine de saint Augustin sur la grâce, et très clairement exprimée par son disciple, saint Prosper, dans ses écrits contre les semi-pélagiens. « Avant la grâce libératrice, disait ce docteur à Cassien et autres adversaires gaulois, l'homme étendu au fond de sa misère, s'y complaît; il aime ses faiblesses, il tient pour santé l'ignorance de la maladie, jusqu'à ce qu'il reçoive ce premier secours de commencer à connaître qu'il est malade, et de pouvoir désirer l'aide du médecin qui le mettra sur pied[1]... Se déplaire à soi-même et avoir à charge son lourd passé de faiblesse, c'est la première grâce salutaire, *prima salus* ; la seconde, c'est de désirer la guérison et de connaître le médecin sauveur. Autant de bienfaits conférés à l'âme avant sa guérison par Celui qui doit la guérir[2]. » La grâce creusera cette

---

1. *Responsiones ad capitula Gallorum*, c. vi, (*P. L.*, t. li, col. 161).

2. *Liber contra Collatorem*, c. iv (*P. L.*, t. li, col. 223-224).

indigence en la précisant, aiguisera ce désir
en le purifiant, Dieu, remarque saint Augustin, étant d'autant plus proche que l'âme
trouve plus d'amertume dans tout ce qui
n'est pas lui[1]. Et cependant, au dehors la
Providence divine disposera la réponse ap-
propriée, arguments et raisons de croire, jusqu'au jour où, suivant la comparaison du
cardinal Dechamps, le fait intérieur et le
fait extérieur s'embrasseront dans ce
mystérieux hymen qui constitue l'acte de
foi.

Infinies sont les combinaisons par lesquelles Dieu achemine une âme de ces
premières dispositions confuses et presque
imperceptibles jusqu'à une foi vive et parfaite. Parlant de lui-même saint Augustin bénissait cette main très douce et très
miséricordieuse qui peu à peu, dans ses
ténèbres et ses misères, façonnait et
transformait son cœur[2]. Il ne doutait pas
que la grâce ne fût au principe de toute
enquête pieuse et diligente et que cette
même grâce ne dirigeât et ne soutînt la

1. *Confessions*, liv. VI, chap. vi. — Cf. *ibid.*, liv. VI
chap. XVI : « Ego fiebam miserior et tu propinquior. »
2. *Confessions*, liv. VI, chap. v.

recherche pour délivrer l'homme de la difficulté qui torture et de l'ignorance qui aveugle[1]. C'est la grande loi de Providence, dont l'apologiste doit avoir la notion toujours présente, non pour faire sentir expérimentalement la grâce, mais pour implorer et faire implorer par la prière le secours divin, sans lequel les meilleurs arguments ne produiront pas leur effet, et aussi pour imiter dans ses rapports avec les âmes le Dieu à « la main très douce et très miséricordieuse ».

Des théologiens modernes, il est vrai, croient pouvoir briser cette continuité. Ils mettent la grâce à « l'intention de la foi », à la première orientation de l'âme vers la vérité divine, puis ils lui barrent l'accès pour constituer dans la genèse de l'acte de foi « comme un cycle à part, cycle ration-

---

1. *De vera religione*, c. x, n. 20 (*P. L.*, t. xxxiv. col. 131) « Intende igitur diligenter et pie, quantum potes : tales enim adjuvat Deus ». — Le texte est expliqué et élargi par saint Augustin lui-même, *Retract.*, liv. I, chap. xiii, n. 4 (*P. L.*, t. xxxii, col. 603) : « Quod non ita intelligendum est, quasi tantummodo tales adjuvet, cum adjuvet etiam non tales ut sint tales, id est, ut diligenter et pie quaerant : tales autem adjuvat ut inveniant. » — Cf. *Confessions*, liv. VII. chap. viii.

nel fermé[1] », qui se boucle par un jugement de crédibilité lui aussi purement rationnel ; et après ce *looping the loop*, on permet à la grâce de revenir pour l'atterrissage final.

Quoi qu'il en soit de la question théorique[2], je doute que pratiquement aucun apôtre se range à cette conception du cycle rationnel fermé, d'où l'on croit pouvoir exclure la grâce et « les poussées du désir ». S'il est, au contraire, une assertion sur laquelle insiste saint Augustin, c'est que la recherche de la vérité surnaturelle doit être une recherche pieuse et diligente[3], qui, loin d'exclure les poussées

1. J'emprunte ces expressions au livre du R. P. Gardeil, *la Crédibilité et l'Apologétique*, 2ᵉ édit., Paris, 1912, p. 65.

2. Les partisans du cycle rationnel fermé n'en défendent guère que la possibilité purement abstraite et concèdent que dans la réalité les choses ne se passent pas ainsi et que la Providence ne suit pas ces schèmes logiques. Dans un article précédent (*Recherches de Science religieuse*, janvier-mars 1918), j'ai essayé de montrer qu'il n'y avait pas désaccord entre l'ordre abstrait et la réalité concrète, entre la logique et la Providence, mais que la perception de la crédibilité supposait la grâce en *droit* comme en *fait*.

3. Cf. le texte déjà cité du *De vera religione*, c. x, n. 20 (*P. L.*, t. xxxiv, col. 181) ; *De utilitate credendi*, c. xi, nᵘ 25 (*P. L.*, t. xxxiv, col. 81-83) ; *De quantitate animae*, c. xiv, n. 24 (*P. L.*, t. xlii, col. 1049).

du désir, les suppose et les requiert. « C'est par l'amour qu'on demande, c'est par l'amour qu'on cherche, c'est par l'amour qu'on frappe, c'est par l'amour qu'on trouve la lumière, c'est par l'amour enfin qu'on demeure dans ce qu'on a trouvé[1]. » Suivant l'heureuse formule d'un converti contemporain, Jean Thorel, « le céleste ravisseur s'empare des âmes en une foudroyante seconde, seulement cette seconde est la suite de nos élans intérieurs, de nos divins désirs[2]. »

Les récits de conversion ne font que confirmer cette vérité d'expérience. Déjà au XIIe siècle, le juif converti, Hermann de Cologne, le constatait naïvement : « Voyez! moi. que ni les arguments présentés de différents côtés ni les controverses avec des clercs éminents n'avaient pu convertir à la foi du Christ, j'ai été entraîné par les dévotes oraisons de simples

---

1. *De Moribus Ecclesiae.* l. l. c. XVII. n° 31 (*P. L.*, t. XXXII, col. 1324). — Cf. l'article du P. Pierre Guilloux, *les Conditions de la conquête de la vérité d'après saint Augustin,* dans les *Recherches de Science religieuse* (novembre-décembre 1914), p. 489 *sqq.*

2. Cité par le P. Albert Bessières, *De l'art à la foi, Jean Thorel* (1859-1916), Paris, 1917, p. 46.

femmes... Grâce à leurs mérites et à leurs prières, la clarté de la foi chrétienne resplendit soudain à mon cœur et si vivement, qu'elle en chassa complètement les ténèbres du doute et de l'erreur[1]. »

Les plus intelligents ou les plus intellectuels ne font pas exception. Pendant son séjour à Littlemore avant son abjuration, Newman, tout en travaillant à dissiper ses dernières obscurités par son *Essai sur le développement de la doctrine chrétienne*, menait une vie intense de pénitence et de prière. Dans la brillante galerie des convertis contemporains, pas un qui ait considéré le catholicisme comme une vérité d'école, de celles qu'on apprend dans les bibliothèques ou les laboratoires. « Une conversion est et doit toujours être une œuvre divine, conclut Dom Bède Camm. Quelque considérable que puisse être le travail de lecture ou de controverse, seul il n'apportera jamais à une âme la divine lumière de la foi. Elle restera dans les ténèbres jusqu'à ce que Dieu l'illumine. Mais à une âme qui cherche humblement et prie instamment, sûrement il ne refu-

1. Migne, *P. L.*, t. clxx, col. 826.

sera jamais sa grâce [1]. » Avant de quitter l'anglicanisme pour l'Église de Rome, le futur érudit bénédictin Dom John Chapman étudie les théologiens catholiques, saint Thomas, Scot, Vasquez, Soto, Suarez, lit Mansi et Hefele, mais quand approche le moment décisif, il ajoute, avec un ami, « la neuvaine au Saint-Esprit depuis l'Ascension jusqu'à la Pentecôte [2] ». Détaché de la « Haute Église », mais menacé de tomber dans l'agnosticisme par l'abus même des discussions et des controverses, Ronald Knox trouve la paix et la lumière définitives dans une retraite à l'abbaye bénédictine de Farnborough [3]. En France, le pays des idées claires et de la logique serrée, chez ceux-là mêmes où l'effort intellectuel semble avoir été le plus intense, Georges Dumesnil, René Salomé, André de Bavier, Pierre de Lescure, on voit la conversion se préparer par « une foule de réflexions », mais aussi de « mouvements », qui les portent aux églises pour y méditer et pour y prier. Réflexion et

---

1. *Roads to Rome*, p. 33.

2. *Ibid.*, p. 52, 54.

3. *A Spiritual Aeneid*, p. 238 *sqq.*

7

prière se compénètrent si intimement pour s'actionner l'une l'autre que, si on peut les distinguer, on ne saurait les séparer. *Quod Deus conjunxit, homo non separet.*

CHAPITRE VII

Les faits de conversion,
motif de croire.

Les histoires de conversion rappellent
à l'apologiste les conditions concrètes du
travail de Dieu dans une âme. C'est un
bienfait appréciable, ce n'est pas le seul
qu'elles lui rendent. Elles peuvent devenir
entre ses mains un argument en faveur de
la vérité du catholicisme, un motif objec-
tif de crédibilité. C'est ainsi que Simplicia-
nus en usait avec saint Augustin encore
hésitant, quand il lui racontait la conversion du rhéteur Victorinus; et à ce récit
le jeune Africain se sentait enflammé du
désir de l'imiter[1]. Dès lors la question se
pose: comment présenter ce motif ? Sous
quelle forme le faire entrer dans l'édifice
apologétique ?

La conversion est un fait divin qui se

1. *Confessions*, liv. VIII, chap. v.

passe à l'intime de l'âme. Pour qu'elle devienne un argument, un motif de crédibilité perceptible à ceux du dehors, il faut que la transformation intérieure se manifeste par des effets sensibles, et tels qu'ils distinguent la conversion de tout phénomène purement naturel.

On pourrait d'abord songer aux témoignages de convertis qui affirment avoir expérimenté en eux de la façon la plus certaine une action surnaturelle de Dieu, un « dualisme » qui se révélait nettement à leur conscience. La difficulté est que ce dualisme, non pas simplement réel, mais *senti, expérimenté*, est loin d'être universel et de constituer un caractère inhérent à toute conversion. S'il est juste de dire avec le R. P. Mainage : « Le converti n'est pas seul sur le chemin qui conduit à la vie catholique, il *est deux* », il ne paraît pas qu'on puisse ajouter en bonne psychologie : « Il *se sent deux*, et ce dualisme est tellement universel que je n'hésite pas à y reconnaître l'un des traits fondamentaux, sinon le trait essentiel de la conversion[1]. »

1. *La Psychologie de la conversion*, p. 195.

Non, dans beaucoup de cas, le converti ne se *sent* pas deux. Avant sa conversion, il pourra avoir la ferme confiance que Dieu l'assiste, car il sait que le secours divin ne manque pas aux âmes de bonne volonté. Quand la prise aura succédé à la chasse, il se gardera bien d'attribuer le succès à ses seuls efforts, car il sait que la foi est un don de Dieu : ce ne sont pas là à proprement parler des données de l'introspection psychologique. quelque chose d'immédiatement senti, mais des conclusions tirées de vérités acquises. Un pèlerin en marche vers le catholicisme pourra éprouver des attraits, entendre comme des appels intérieurs, mais le plus souvent il sera incapable de discerner si cette voix est une voix surnaturelle et divine, ou simplement la voix de sa conscience qui lui commande de chercher loyalement la vérité et de ne pas pécher contre la lumière. Que s'il sent en lui une sorte de dualité, cette dualité pourra simplement lui apparaître comme la lutte de la nature supérieure et de la nature inférieure. Loin de nous la pensée de contredire aux expériences des mystiques ; nous n'avons nulle difficulté à admettre qu'ils peuvent avoir une connaissance expérimentale des opérations de Dieu en eux. Nous acceptons sans peine les affirmations très nettes de sainte Thérèse sur ce point[1]. Mais attribuer cette connaissance expérimentale certaine de l'action divine à *tous* les convertis, c'est vraiment leur faire une part trop belle et que beaucoup ne prétendent nullement revendiquer.

Dans certains cas, un converti, comparant ce qu'il était hier et ce qu'il est aujourd'hui, pourra voir dans ce changement un signe évident que Dieu est intervenu dans la transformation de son âme. Mais tous ne font pas cette inférence expérimentale ou avec une certitude absolue, et chez ceux qui y parviennent, la pleine assurance semble consécutive à la conversion plutôt que parallèle. L'acte de foi ne s'accompagne pas nécessairement ou ordinairement d'une réflexion sur le fait intérieur, comme objet représenté à la conscience, ou d'une perception de l'action divine s'exerçant au centre des facultés humaines.

1. Voir par exemple *Château intérieur*, p. 134, 288. (édition des Carmélites de Paris

Le R. P. Mainage reconnaît que nombre
de convertis dans leurs autobiographies ne
font pas mention de ce « dualisme » qui
aurait existé dans leur âme : ainsi « Newman dans son *Apologie*, Chapman dans
l'Ame Anglicane, Brunetière dans ses con-
férences, Coppée lui-même dans *la Bonne
Souffrance*, le docteur Francus dans son
opuscule *Comment je suis arrivé à croire* et
bien d'autres dont il est inutile de citer les
noms. » L'omission s'expliquerait par ce
fait « que cette description ne rentrait pas
dans le cadre que [ces] auteurs s'étaient
proposé de remplir en nous livrant leurs
confidences. Beaucoup d'entre eux... ont
voulu nous donner leurs raisons de croire
et non pas nous initier aux expériences intimes qu'ils avaient réalisées parallèle-
ment à leur enquête intellectuelle[1]. »

Nous ne pensons pas que cette explication rende compte de tant de silences. La
véritable raison nous paraît être que l'expérience directe de l'action divine, appré-
hendée comme telle, n'est pas le fait ordinaire des convertis, que tout au contraire

---

1. *La Psychologie de la conversion*, p. 222.

la grâce reste le plus souvent anonyme et revêt la forme de « cette impulsion très secrète », *instinctus occultissimus*, dont parle saint Thomas après saint Augustin, « qui s'exerce sur les esprits des hommes sans qu'ils en aient la conscience distincte », *quem nescientes humanæ mentes patiuntur*[1].

Mᵍʳ Hugh Benson décrivait exactement, ce semble, l'état d'âme de maint converti. lorsqu'il notait ses impresions, lors de sa réception dans l'Église catholique :

« Je ne crois pas que personne soit jamais entré dans la Cité de Dieu avec aussi peu d'émotion que moi. J'avais l'impression d'être devenu absolument insensible : et je n'éprouvais ni joie ni tristesse ni crainte ni exaltation. Je voyais devant moi la vérité se dressant là comme un pic neigeux et j'avais à me rendre à elle... J'essayais bien de

---

1. Saint Thomas, IIᵃ IIᵃᵉ. q. 171, a 5. — On peut voir dans le même sens l'article du R. P. Harent, *Expérience et Foi*, dans les *Études*. t. cxv (1908), p. 39 *sqq.* ; le livre du R. P. Bainvel, *Nature et Surnaturel*, 4ᵉ édition, Paris 1911, p. 303 *sqq.* ; l'article du R. P. Pinard. *Expérience religieuse*, dans le *Dictionnaire de théologie* de Vacant-Mangenot, col. 1812 ; l'article du R. P. Roure, *la Conversion*, dans les *Études*, t. cxlvi (1916), p. 298.

réchauffer cette froideur qui m'avait envahi : mais tous mes efforts échouaient à plat. En un mot j'étais profondément apathique et sans l'ombre d'une illusion sentimentale[1]. »

Un peu plus loin, il revenait sur la même constatation, avec l'insistance du psychologue et du directeur d'âmes, qui n'ignore pas les dangers de l'illuminisme :

« Après quoi il va sans dire que, si même j'avais eu alors des expériences spirituelles mémorables, je me croirais tenu de n'en point parler ; mais vraiment je n'en ai eu d'aucune sorte. Il n'y avait rien en moi, me semblait-il, qu'une certitude absolue d'accomplir la volonté de Dieu en entrant dans son Église. Nulle trace chez moi d'élévations mystiques non plus que de tentations contre la foi, et je dois même avouer que cet engourdissement s'est prolongé non seulement jusqu'à ma réception dans l'Église et à ma première communion, mais aussi pendant les quelques mois suivants... Je me permets de faire mention de cela

1. *Les Confessions d'un converti*, p. 207.

parce que j'ai connu plus d'un converti qui semblablement s'est trouvé surpris et déçu de l'insensibilité qui accompagnait pour lui les débuts de la vie catholique. L'âme s'était attendue à voir les cieux s'ouvrir et à voir jaillir des flots abondants de grâce, des torrents de plaisir, une gloire éblouissante et une musique supra-terrestre ; et au lieu de ces merveilles rien n'était descendu sur cette âme qu'un immense fardeau, dans une sorte de brouillard percé simplement d'un unique rayon — le rayon qui venait de l'étoile de la foi divine, aussi ferme et sûr que Dieu sur son trône[1]. »

Là même où la conversion est accompagnée de dilatation de l'âme ou d'exaltation, il peut arriver et il arrive que ces sentiments ne se révèlent pas immédiatement à la conscience comme le produit direct de l'action divine. Rien de plus délicat que le

1. *Ibid.*, p. 212-213. — On pourrait rapprocher de cette description psychologique la page des *Exercices spirituels* de saint Ignace sur le troisième temps de l'élection : l'âme fait choix d'une vie plus parfaite en religion ou dans le monde, « sans qu'elle soit agitée par les divers esprits, et en usant librement et tranquillement de ses puissances *naturelles* ». Par ce dernier mot, saint Ignace n'exclut pas la grâce, mais la grâce sentie.

discernement des esprits, même à l'aide des règles que nous ont laissées les maîtres de la vie spirituelle. Il y faut d'ordinaire un sens des choses divines et humaines affiné par une longue pratique de la vie intérieure ; et combien de convertis qui ignorent ces règles ?

Tout ce que nous nions, c'est l'universalité chez les convertis d'une expérimentation directe et immédiate de l'action divine, non l'existence de cette expérience dans un certain nombre de cas qui restent l'exception. Encore parmi ceux qu'on serait tenté de citer, serait-il loisible d'introduire quelques distinctions : ainsi pour Pascal et sa « seconde conversion » de 1654, dont on fait si souvent état. A lire le célèbre *Mémorial* du 23 novembre 1654, un pascalisant peut soutenir que son auteur avait ou croyait avoir le sentiment immédiat d'une touche divine. Mais il est permis de se demander si la conversion date de ce 23 novembre 1654, et si déjà Pascal n'était pas résolu à une renonciation qui, pour n'être pas « douce », n'en était pas moins « totale ». Nous avons pour l'affirmer un texte que les éditeurs de

Pascal dans la collection des Grands écrivains, MM. Brunschvicg, Pierre Boutroux et Gazier, qualifient le « capital », comme provenant du « témoin le plus capable de lire dans la conscience religieuse » de l'auteur des Pensées[1]. C'est une lettre de Jacqueline Pascal à Mme Périer (25 janvier 1655) où elle raconte une visite que Blaise lui avait faite fin septembre 1654, deux mois avant le *Mémorial*.

« Il me vint voir et à cette visite il s'ouvrit à moi d'une manière qui me fit pitié, en m'avouant qu'au milieu de ses occupations qui étaient grandes et parmi toutes choses qui pouvaient contribuer à lui faire aimer le monde et auxquelles on avoit raison de le croire fort attaché il estoit de telle sorte sollicité de quitter tout cela, et par une aversion extrême qu'il avoit des folies et des amusements du monde et par le reproche continuel que luy faisoit sa conscience, qu'il se trouvoit détaché de toutes choses de telle manière qu'il ne l'avoit jamais esté de la sorte, n'y rien d'approchant ; mais que d'ailleurs il estoit dans un si

---

1. *Œuvres de Pascal*, t. IV, p. XXIX.

grand abandonnement du costé de Dieu qu'il ne sentoit aucun attrait de ce costé-là ; qu'il s'y portait néanmoins de tout son pouvoir mais qu'il sentoit bien que c'estoit plus sa raison et son propre esprit qui l'excitoit à ce qu'il connoissoit le meilleur que non pas le mouvement de celui de Dieu [1]. »

Le 24 novembre 1654, Pascal fut « consolé » ; on peut croire qu'il était déjà « converti ».

Allons plus loin. Quand bien même tous les convertis affirmeraient avoir senti expérimentalement l'opération divine, cette unanimité ne suffirait pas, indépendamment de toute autre circonstance, pour constituer en faveur du catholicisme un signe divin facilement reconnaissable. Sans parler de la mystique musulmane, c'est un trait caractéristique du protestantisme piétiste et illuministe qu'il revendique l'expérience intérieure comme la pierre de touche de toute rénovation spirituelle. Chez les méthodistes, le type classique de conversion est la conversion soudaine, où le sujet subit passivement une transforma-

1. *OEuvres de Pascal*, t. iv, p. 61-62.

tion opérée par une force d'en haut[1]. Les *revivals* ont la prétention de renouveler la scène de la Pentecôte, avec descente du Saint-Esprit se manifestant par des impressions irrésistibles, qu'un témoin et acteur comparait à des ondes électriques traversant l'être de part en part.

Le protestantisme ayant gardé quelques parcelles de vérité où la grâce divine trouve un point d'appui, il se peut que tout ne soit pas supercherie ou hallucination dans ces manifestations religieuses, et que certains de ces « convertis » fassent vraiment un acte de charité ou de contrition. Raison de plus pour que les conversions au catholicisme se singularisent par des qualités propres, une manière à elles. des fruits, qui en font un véritable miracle moral, sans rivalité possible. L'essentiel ici, comme dans le témoignage que peuvent rendre au catholicisme les mystiques proprement dits, ce ne sont pas tant les paroles que les actes et la vie[2]. Il doit appa-

1. William James, *op. cit.*, cite de curieux exemples au chapitre de la *conversion*.

2. Cf. l'article du R. P. L. de Grandmaison, *l'Élément mystique dans la Religion*. dans les *Recherches de Science religieuse*. t. ı, 1910, p. 203.

raître entre le païen, l'incrédule ou l'impie d'hier et le catholique d'aujourd'hui, un tel changement qu'il se place en dehors des lois d'une psychologie purement naturelle et suppose en faveur du catholicisme une intervention unique de Dieu. La présentation de l'argument tiré des conversions ne sera qu'un mode particulier de la mise en relief de cette sainteté et de cette fécondité inépuisables de l'Église catholique, que célèbre le Concile du Vatican.

Il est assez clair que cette présentation ne se coulera pas nécessairement en un moule unique. Il s'agit ici d'une induction surnaturelle, et cette induction est susceptible de formes très variées. Suivant une remarque du P. Pierre Rousselot, « il ne faudrait pas croire que le signe de l'Église dont parle le Concile du Vatican, doive prendre nécessairement la forme d'une considération sur l'ensemble de l'histoire ecclésiastique ou même sur l'action totale de l'Église dans le monde au moment où nous vivons. La sainteté d'une grande chrétienne, ou les fruits merveilleux de la sainte communion, tout cela rentre dans la preuve par l'Église[1] ». Pour une âme mobile aux touches de l'Esprit-Saint, et à qui cette docilité donne le perçant du regard, un fait ou quelques faits peuvent suffire pour qu'elle reconnaisse le doigt de Dieu : la conversion d'un saint Paul, d'un saint Augustin, d'un saint François d'Assise, d'un saint Ignace, avec les fruits merveilleux qui en sont résultés, la remplira d'une absolue certitude. Mais comme l'apologiste doit regarder moins telle ou telle âme privilégiée que l'humanité commune, son rôle sera d'aider le plus qu'il pourra celui qui cherche, et de même que dans l'induction naturelle on multiplie épreuves et contre-épreuves, il aura à rassembler, à grouper, ou, comme disait Savonarole en son *Triumphus Crucis*, à « mettre en tas »

1. *Les Yeux de la foi*, dans les *Recherches de Science religieuse*, t. i (1910), p. 258, n. 3. — Dans les *Impressions de guerre de prêtres-soldats*, recueillies par le R. P. Léonce de Grandmaison, t. ii, 1917, un des récits du P. Louis Lenoir, *la Confession du Juif*, illustre de façon touchante cette assertion. Un soldat juif, que son caporal catholique avait pris en affection, est blessé mortellement dans une patrouille ; il exprime à son caporal le désir de mourir catholique. « Jean, qu'il me dit, j'ai bien réfléchi, y a que la vraie religion qui a pu te faire si bon pour moi ; je veux mourir dans cette religion-là. Faut que tu me confesses... »

le plus grand nombre possible de faits écla-
tants.

C'est ainsi que dès les origines du christianisme les Pères ont compris l'argument.
« Voyez, disaient-ils aux païens, ce qu'é-
taient hier ceux que vous persécutez ; voyez
ce qu'ils sont aujourd'hui. Ils étaient des
milliers et des milliers qui roulaient em-
portés par les flots du vice. Et maintenant,
quel changement !

« Ils se marient comme tout le monde,
engendrent des enfants, mais ne les aban-
donnent pas. Ils dressent la table commune, mais non la couche. Ils sont dans
la chair, mais ils ne vivent pas selon la
chair. Ils habitent sur terre, mais ils sont
citoyens du ciel. Ils obéissent aux lois éta-
blies et leur conduite dépasse les lois. Ils
aiment tous les hommes et tous les persé-
cutent. On les couvre d'ignominie et ce
leur est un sujet de gloire... On les insulte
et ils bénissent ; on les outrage et ils se
montrent déférents. Bienfaisants, ils sont
punis comme méchants ; punis, ils se ré-
jouissent comme nés à une vie nouvelle...
Tout cela n'apparaît point comme l'œuvre
de l'homme ; c'est la force de Dieu, ce

sont les preuves de sa « parousie[1] ».

Saint Augustin se plaira à reprendre cet argument, à montrer les conversions au seul vrai Dieu se multipliant à travers les villes, les bourgs et les campagnes, et le rappel global de toutes ces merveilles lui paraîtra suffisant pour couper court à toute vaine dispute[2].

Notre époque ne connait plus guère ces conversions par masses, ces rénovations de sociétés entières. Ce sont d'ordinaire des individus isolés ou des groupes restreints qui viennent au Christ. Tout en gardant son armature traditionnelle, l'argument fondé sur les conversions devra se plier à ces circonstances nouvelles. Au lieu de considérer les conversions par blocs comme faisaient les Pères, l'apologiste aura à faire valoir les cas individuels. L'argument prendra d'autant plus de relief que les exemples seront nombreux et surtout bien choisis ; car ici qualité importe plus que quantité, les transformations profondes chez les plus grands et les plus saints étant

1. *Épître à Diognète*, v, 6-11, 14 ; vii, 9.
2. *De vera religione*, chap. iii, n. 5 *P. L.*, t. xxxiv, col. 125).

les plus révélatrices. La valeur humaine
de présentation. le talent littéraire sont
loin d'être à dédaigner, surtout de nos jours :
ce que nos contemporains attendent des
convertis qui prennent la peine d'écrire,
ce n'est pas le démarquage d'une thèse
de théologie ou d'apologétique, mais un
document candide de psychologie religieuse, une histoire, non un tract. N'est-il
pas clair par l'exemple de saint Augustin
que, si les *Confessions* ont gardé une influence
toujours actuelle, elles le doivent pour une
large part à la culture classique de leur
auteur ? Saint Augustin soumit à l'opération de la grâce une âme que les lettres
avaient profondément pétrie et disposée de
la sorte à distinguer ce qui se passait en
elle, à saisir avec une agilité merveilleuse
les nuances de la vie intérieure et à les
juger.

Conversions soudaines et cependant per-
sévérantes en des hommes parfaitement
sains d'esprit ; conversions héroïques où
tout est sacrifié à l'amour de la vérité, fortune, amitiés, affections de famille ; conversions de prodigues revenus de très loin et
qui montent très haut jusqu'à l'éminente

sainteté ; conversions d'hommes remarquables par les dons de l'intelligence et du cœur, qui, à travers mille difficultés, mille tourments d'esprit, sans autre souci que d'être fidèles à la lumière, abordent au Christianisme où ils trouvent pour leur âme une paix inaltérable et pour leur influence la fécondité : autant d'indices à rassembler, à grouper en un lumineux faisceau. Toutes ces beautés spirituelles convergent dans le Christianisme et ne se rencontrent que là, et en les contemplant, le voyageur, encore engagé dans les voies sinueuses de l'erreur ou du péché, mais qui sent déjà sa misère, entendra au fond de lui-même une voix obscure qui lui dira, comme à Maxence : « Non, il n'est pas possible que la vie soit là, dans cette rancœur, dans cette amertume immense de la conscience mauvaise. Il n'est pas possible que la vraie route soit celle-ci qui ne mène nulle part, ni que les saints ne prévalent pas contre nous[1]. »

Le contraste avec les convertis à rebours, les transfuges de l'hérésie ou de

_____

1. *Le Voyage du Centurion*, p. 192.

la libre pensée, ne pourra que renforcer l'argument[1] : qu'on prenne les plus en vue de ces apostats, qui donc, s'il n'a pas perdu tout sens des valeurs spirituelles, oserait mettre en balance la libre humilité d'un saint François d'Assise et la fougue anarchique d'un Luther, la sincérité de Newman et l'obliquité de Renan ! *A fruc-tibus eorum cognoscetis eos.*

Restent, il est vrai, les objections tirées de la névrose et du subsconscient. Mais ce sont là de ces explications unilatérales, qui ne tiennent pas devant la variété, la complexité, et, on pourrait dire, la santé des convertis au catholicisme. Le plus habile protagoniste de la psychologie subliminale, William James, est, d'ailleurs, le premier à reconnaître, dans son étude de la conversion, « qu'il y a des envahissements du champ de la conscience qui ne semblent pas correspondre à une incubation consciente prolongée », et que dans des cas, « où la crise mentale aboutit à des conséquences utiles et conformes à la raison, on pourrait invoquer une hypo-

1. Voir le livre du R. P. Mainage, *le Témoignage des apostats*, Paris, 1916.

thèse plus mystique et plus théologique[1]. »

Et même une difficulté qui pourrait paraître beaucoup plus sérieuse, celle de déterminer les lois d'une psychologie purement naturelle, de fixer la limite de l'effort purement humain, ne saurait arrêter longtemps les chercheurs pieux et diligents. L'expérience montre que ceux qui sont en ces dispositions discernent avec une admirable sûreté la sainteté surnaturelle, distinguent sans hésitation le dévouement chrétien et la philanthropie purement humanitaire. La grâce donne même aux plus simples, aux moins instruits, un tact, une pénétration, qui leur permettent, à quelques indices bien présentés, d'inférer la source divine de ces vertus plus qu'humaines. L'induction surnaturelle jouera avec la même facilité chez ces âmes bien disposées au spectacle de quelques conversions particulièrement admirables. D'ins-

1. William James, *l'Expérience religieuse* (traduction française), 2ᵉ édit., Paris, p. 200-201. — Pour une discussion détaillée, je renvoie au R. P. Mainage, *la Psychologie de la conversion*, sauf que, pour les raisons précédemment indiquées, je ne saurais attacher la même importance que lui au « dualisme dans l'âme des convertis ».

tinct elles iront à la cause véritable, et cette découverte positive contiendra implicitement l'exclusion de toutes les explications purement naturelles. C'est à ces chercheurs pieux et diligents que s'adresse l'argument tiré des conversions, comme d'aillleurs tout argument apologétique. Ceux-là seuls peuvent en être frappés et vibrer à son contact que la bonne volonté, aidée de la grâce, met à l'unisson de la beauté surnaturelle. « Reçois ce qui est goûté plus tôt qu'appris, écrivait saint Cyprien à Donat, ce qui n'a pas besoin des patients délais d'une longue enquête, mais est saisi en un instant, quand la grâce atteint sa maturité[1]. »

1. « Accipe quod sentitur antequam discitur, nec per moras temporum longa agnitione colligitur, sed compendio gratiae maturantis hauritur. » (*Ad Donatum*, c. II. Edition Hartel, vol. III, pars I, p. 4.)

Vannes. — Imp. LAFOLYE, Frères.

TABLE DES MATIÈRES

ACHEVÉ D'IMPRIMER
LE 20 FÉVRIER MIL NEUF CENT DIX-NEUF
PAR LAFOLYE FRÈRES, A VANNES
POUR GABRIEL BEAUCHESNE, A PARIS

www.ingramcontent.com/pod-product-compliance
Lightning Source LLC
LaVergne TN
LVHW021857170726
843503LV00003B/1281